সুকুমার রায়
ছড়া সমগ্র

সুকুমার রায়
ছড়া সমগ্র

হাওয়াকল ও শূন্য যৌথ প্রকাশনা

প্রচ্ছদ বিতান চক্রবর্তী

প্রথম হাওয়াকল-শূন্য সংস্করণ জুন ২০২৫

হাওয়াকল ও শূন্য-এর পক্ষে
নিউ দিল্লি ৬৫ ও বিধাননগর, কলকাতা ৯৭ থেকে প্রকাশিত
থমশন প্রেস, ফরিদাবাদ, হরিয়ানা ১২১০০৭ থেকে মুদ্রিত

info@hawakal.com
chilekothasampadak@gmail.com

8420758224 | 8902505754

MRP: 650/- | USD 18.99

ISBN 978-81-988424-1-1

শিশুপাঠ্য, শিশু অস্ত্র

সে এক সময়, যখন কবিতার পোকা ধীরে ধীরে আমার মাথা খাচ্ছে। গোপন ডায়েরিতে শব্দ ভেঙে কবিতার জন্ম দেখছি প্রায় প্রতিদিন। তখন স্কুল পেরিয়ে কলেজ, মফসসল পেরিয়ে শহর। সে সময়ই আলাপ হল প্রবীরদার সঙ্গে। "জ্যোতিরিঙ্গণ" পত্রিকার সম্পাদক। প্রবীরদা এক সকালে প্রস্তাব দিলেন, 'পত্রিকার নতুন সংখ্যায় তুই একটা প্রবন্ধ লেখ সুকুমার রায়কে নিয়ে। জানিস তো এ-বছরটা আবোল তাবোল-এর আশি বছর!' আমি জানতাম না। সেদিনই প্রবীরদা আমাকে নিয়ে গেলেন গরপাড়ে, যেখানে সুকুমার রায় তাঁর শেষ নিশ্বাস ত্যাগ করেন। বর্তমানে যা এথেনিয়াম স্কুল। স্কুল গেটের বাইরে দাঁড়িয়েছিলাম আমরা অনেকটা সন্ধ্যা। স্কুলের উলটো দিকের রোয়াকে বসে দেখছি। মূল বাড়িটির হয়তো পরিবর্তন হয়ে গেছে অনেক কাল আগেই। কিন্তু, এই বাড়ির বাতাসে বাংলা ছাপাখানা থেকে বাংলা ননসেন্স পোয়েট্রির বিপ্লবী গন্ধ ভেসে আসে। এই সেই বাড়ি যার সিঁড়ি বেয়ে নেমে সুকুমার গিয়েছিলেন লন্ডন, প্রিন্টিং টেকনোলজি পড়তে। তাও আবার রবি ঠাকুরের উৎসাহে। বাংলার প্রিন্টিংকে আন্তর্জাতিক মানে নিয়ে যাওয়ার সেই উৎসাহ আজ যেন কোন কানাগলিতে হারিয়েছে! লন্ডনের সভায় সুকুমার রায় পাঠ করলেন রবীন্দ্রনাথকে নিয়ে প্রবন্ধ, *The Spirit of Rabindranath Tagore* (১৯১৩)। বলা যেতে পারে এই প্রবন্ধটিই প্রথম রবিবাবুকে বিশ্বসংসারের সঙ্গে পরিচিত করালো।

এই সমাজব্যবস্থা, রাজনীতির ওপর আমার রাগ হলে আমি লেখাতে চিৎকার করি। সুকুমার সে রাগকে প্রবাহিত করে দেন আমাদের মস্তিষ্কের গভীর প্রকোষ্ঠে। ভেঙে পড়া রাষ্ট্রের মঞ্চেই বাচ্চারা হেসে

হেসে বলতে থাকে,

ভয় পেয়ো না, ভয় পেয়ো না, তোমায় আমি মার্‌ব না—
সত্যি বল্‌ছি কুস্তি ক'রে তোমার সঙ্গে পার্‌ব না।
মন্‌টা আমার বড্ড নরম, হাড়ে আমার রাগ্‌টি নেই,
তোমায় আমি চিবিয়ে খাব এমন আমার সাধ্যি নেই!
মাথায় আমার শিং দেখে ভাই ভয় পেয়েছ কতই না—
জানো না মোর মাথার ব্যারাম, কাউকে আমি গুঁতোই না?

এস এস গর্তে এস, বাস ক'রে যাও চারটি দিন,
আদর ক'রে শিকেয় তুলে রাখ্‌ব তোমায় রাত্রি দিন।
হাতে আমার মুগুর আছে তাই কি হেথায় থাক্‌বে না?
মুগুর আমার হাল্‌কা এমন মারলে তোমায় লাগ্‌বে না।
অভয় দিচ্ছি, শুন্‌ছ না যে? ধরব নাকি ঠ্যাং দুটা?
বস্‌লে তোমার মুণ্ডু চেপে বুঝবে তখন কাণ্ডটা!

আমি আছি, গিন্নী আছেন, আছেন আমার নয় ছেলে—
সবাই মিলে কাম্‌ড়ে দেব মিথ্যে অমন ভয় পেলে।

শুনে প্রকাশ্যে রাষ্ট্র হাসে বাচ্চাটির মতন। কিন্তু গভীর রাতে রাষ্ট্রযন্ত্রটির মাথার ভেতর সিড়সিড়ানি হয় না? পাণ্ডিত্যের ওপর এমন আঘাত সম্ভবত বিদ্যাসাগর মহাশয়ও দিয়ে যেতে পারেননি।

...খানিক বাদে ঝড় উঠেছে ঢেউ উঠেছে ফুলে,
বাবু দেখেন নৌকোখানি ডুব্‌ল বুঝি দুলে।
মাঝিরে কন, "একি আপদ! ওরে ও ভাই মাঝি,
ডুব্‌ল নাকি নৌকো এবার? মরব নাকি আজি?"
মাঝি শুধায়, "সাঁতার জানো?" মাথা নাড়েন বাবু,
মূর্খ মাঝি বলে, "মশাই এখন কেন কাবু?
বাঁচলে শেষে আমার কথা হিসেব করো পিছে,
তোমার দেখি জীবনখানা ষোল আনাই মিছে।"

হিউমারের ক্ষমতা, সুকুমারের আগে বাংলা সাহিত্যে কেউ দেখিয়েছেন বলে আমার জানা নেই।

গোর্কে বলতেন বিপ্লবের পতাকা শিশুদের হাতে তুলে দাও, বাকিটা পথ তারাই হাঁটবে। আর সুকুমার রায় শিশুপাঠ্যের মধ্যেই বপন করে দিয়ে গেলেন সেই বীজটি, যার ফসল 'মজা' হলেও, অসাম্যের সমাজ ব্যবস্থাকে চোখ রাঙাতে ভয় পাবে না। হাওয়াকল-শূন্য সংস্করণে সুকুমার রায় কবিতা সমগ্র আগামীর সেই সব নির্ভীক শিশুদের জন্যই উৎসর্গীকৃত হল।

বিতান চক্রবর্তী
৩০ অক্টোবর ২০২৪
কলকাতা

আবোল তাবোল ১৯-৯৫

শিশুর দেহ
বিষম কাণ্ড
আনন্দ
গ্রীষ্ম
কিছু চাই?
বিষম ভোজ
সন্দেশ
ছুটি
বড়াই
সম্পাদকের দশা
কাণা-খোঁড়া সংবাদ

S.R.

কৈফিয়ৎ

যাহা আজগুবি, যাহা উদ্ভট, যাহা অসম্ভব, তাহাদের লইয়াই এই পুস্তকের কারবার। ইহা খেয়াল রসের বই। সুতরাং, সে রস যাঁহারা উপভোগ করিতে পারেন না, এ পুস্তক তাঁহাদের জন্য নহে।

পুস্তকের অধিকাংশ ছবি ও কবিতা নানা সময়ের "সন্দেশ" পত্রিকা হইতে সংগৃহীত হইয়াছে। এক্ষণে আবশ্যকমত সংশোধন ও পরিবর্তন করিয়া এবং নানা স্থলে নূতন মালমশলা যোগ করিয়া সেগুলি পুস্তকাকারে প্রকাশ করা হইল।

সুকুমার রায়

আবোল তাবোল

আয়রে ভোলা খেয়াল-খোলা
স্বপনদোলা নাচিয়ে আয়,
আয়রে পাগল আবোল তাবোল
মত্ত বাদল বাজিয়ে আয়।
আয় যেখানে খ্যাপার গানে
নাইকো মানে নাইকো সুর।
আয়রে যেথায় উধাও হাওয়ায়
মন ভেসে যায় কোন্ সুদূর।
আয় খ্যাপা-মন ঘুচিয়ে বাঁধন
জাগিয়ে নাচন তাধিন্ ধিন্,
আয় বেয়াড়া সৃষ্টিছাড়া
নিয়মহারা হিসাব্‌হীন।
আজ্‌গুবি চাল্ বেঠিক বেতাল
মাত্‌বি মাতাল রঙ্গেতে—
আয়রে তবে ভুলের ভবে
অসম্ভবের ছন্দেতে।।

খিচুড়ি

হাঁস ছিল, সজারু, (ব্যাকরণ মানি না),
হয়ে গেল "হাঁসজারু" কেমনে তা জানি না।
বক কহে কচ্ছপে— "বাহবা কি ফূর্তি!
অতি খাসা আমাদের বকচ্ছপ মূর্তি।"
টিয়ামুখো গিরগিটি মনে ভারি শঙ্কা—
পোকা ছেড়ে শেষে কিগো খাবে কাঁচা লঙ্কা?
ছাগলের পেটে ছিল না জানি কি ফন্দি,
চাপিল বিছার ঘাড়ে, ধড়ে মুড়ো সন্ধি!
জিরাফের সাধ নাই মাঠে ঘাটে ঘুরিতে,
ফড়িঙের ঢং ধরি সেও চায় উড়িতে।
গরু বলে, "আমাদের ধরিল কি ও রোগে?
মোর পিছে লাগে কেন হতভাগা মোরগে?"
হাতিমির দশা দেখ,—তিমি ভাবে জলে যাই,
হাতি বলে, "এই বেলা জঙ্গলে চল ভাই।"
সিংহের শিং নেই, এই তার কষ্ট—
হরিণের সাথে মিলে শিং হল পষ্ট।

কাঠ-বুড়ো

হাঁড়ি নিয়ে দাড়িমুখো কে যেন কে বৃদ্ধ,
রোদে বসে চেটে খায় ভিজে কাঠ সিদ্ধ।
মাথা নেড়ে গান করে গুন্ গুন্ সংগীত—
ভাব দেখে মনে হয় না জানি কি পণ্ডিত!

বিড়্ বিড়্ কি যে বকে নাহি তার অর্থ—
"আকাশেতে ঝুল ঝোলে, কাঠে তাই গর্ত।"
টেকো মাথা তেতে ওঠে গায়ে ছোটে ঘর্ম,
রেগে বলে, "কেবা বোঝে এ সবের মর্ম?

আরে মোলো, গাধাগুলো একেবারে অন্ধ,
বোঝেনাকো কোনো কিছু খালি করে দ্বন্দ্ব।
কোন্ কাঠে কত রস জানে নাকো তত্ত্ব—
একাদশী রাতে কেন কাঠে হয় গর্ত?"

আশে পাশে হিজি বিজি আঁকে কত অঙ্ক—
ফাটা কাঠ ফুটো কাঠ হিসাব অসংখ্য;
কোন্ ফুটো খেতে ভাল, কোন্টা বা মন্দ,
কোন্ কোন্ ফাটলের কি রকম গন্ধ।

কাঠে কাঠে ঠুকে করে ঠকাঠক্ শব্দ,
বলে, "জানি কোন্ কাঠ কিসে হয় জব্দ।
কাঠকুটো ঘেঁটেঘুঁটে জানি আমি পষ্ট,
এ কাঠের বজ্জাতি কিসে হয় নষ্ট।
কোন্ কাঠ পোষ মানে, কোন্ কাঠ শান্ত,
কোন্ কাঠ টিম্‌টিমে, কোন্‌টা বা জ্যান্ত।
কোন্ কাঠে জ্ঞান নাই মিথ্যা কি সত্য,
আমি জানি কোন্ কাঠে কেন থাকে গর্ত।"

S Ray

গোঁফ চুরি

হেড্ অফিসের বড় বাবু লোকটি বড় শান্ত,
তার যে এমন মাথার ব্যামো কেউ কখনো জান্ত?
দিব্যি ছিলেন খোস্‌মেজাজে চেয়ারখানি চেপে,
একলা ব'সে ঝিম্‌ঝিমিয়ে হঠাৎ গেলেন ক্ষেপে!
আঁৎকে উঠে হাত পা ছুঁড়ে চোখ্‌টি ক'রে গোল
হঠাৎ বলেন, "গেলুম গেলুম, আমায় ধ'রে তোল!"
তাই শুনে কেউ বদ্যি ডাকে, কেউবা হাঁকে পুলিশ,
কেউবা বলে, "কাম্‌ড়ে দেবে সাবধানেতে তুলিস্।"
ব্যস্ত সবাই এদিক ওদিক করছে ঘোরাঘুরি—
বাবু হাঁকেন, "ওরে আমার গোঁফ গিয়েছে চুরি!"
গোঁফ হারান! আজব কথা! তাও কি হয় সত্যি?
গোঁফ জোড়া ত তেমনি আছে, কমেনি এক রত্তি।
সবাই তাঁরে বুঝিয়ে বলে, সাম্‌নে ধ'রে আয়না,
মোটেও গোঁফ হয়নি চুরি, কক্ষনো তা হয় না।

রেগে আগুন তেলে বেগুন তেড়ে বলেন তিনি,
"কারো কথার ধার ধারিনে, সব ব্যাটাকেই চিনি।
"নোংরা ছাঁটা খ্যাংরা ঝাঁটা বিচ্ছিরি আর ময়লা,
"এমন গোঁফ ত রাখ্‌ত জানি শ্যামবাবুর গয়লা।
"এ গোঁফ যদি আমার বলিস করব তোদের জবাই"—
এই না ব'লে জরিমানা কল্লেন তিনি সবায়।
ভীষণ রেগে বিষম খেয়ে দিলেন লিখে খাতায়—
"কাউকে বেশি লাই দিতে নেই, সবাই চড়ে মাথায়।

‘‘আফিসের এই বাঁদরগুলো, মাথায় খালি গোবর
‘‘গোঁফ জোড়া যে কোথায় গেল কেউ রাখে না খবর।
‘‘ইচ্ছে করে এই ব্যাটাদের গোঁফ ধ’রে খুব নাচি,
‘‘মুখ্যুগুলোর মুণ্ডু ধ’রে কোদাল দিয়ে চাঁচি।
‘‘গোঁফকে বলে তোমার আমার— গোঁফ কি কারো কেনা?
‘‘গোঁফের আমি গোঁফের তুমি, তাই দিয়ে যায় চেনা।’’

সৎপাত্র

শুন্‌তে পেলুম পোস্তা গিয়ে—
তোমার নাকি মেয়ের বিয়ে?
গঙ্গারামকে পাত্র পেলে?
জান্‌তে চাও সে কেমন ছেলে?
মন্দ নয়, সে পাত্র ভাল—
রঙ যদিও বেজায় কালো;
তার উপরে মুখের গঠন
অনেকটা ঠিক প্যাঁচার মতন।
বিদ্যে বুদ্ধি? বল্‌ছি মশাই—
ধন্যি ছেলের অধ্যবসায়!
উনিশটি বার ম্যাট্রিকে সে
ঘায়েল হ'য়ে থাম্‌ল শেষে।
বিষয় আশয়? গরীব বেজায়—
কষ্টে-সৃষ্টে দিন চলে যায়।

মানুষ ত নয় ভাইগুলো তার—
একটা পাগল একটা গোঁয়ার;
আরেকটি সে তৈরি ছেলে,
জাল ক'রে নোট্ গেছেন জেলে।
কনিষ্ঠটি তব্‌লা বাজায়
যাত্রাদলে পাঁচ টাকা পায়।
গঙ্গারাম ত কেবল ভোগে
পিলের জ্বর আর পাণ্ডু রোগে।

কিন্তু তারা উচ্চ ঘর,
কংসরাজের বংশধর!
শ্যাম লাহিড়ী বনগ্রামের
কি যেন হয় গঙ্গারামের।—
যাহোক্, এবার পাত্র পেলে,
এমন কি আর মন্দ ছেলে?

ভালরে ভাল!

দাদা গো! দেখ্‌ছি ভেবে অনেক দূর—

এই দুনিয়ার সকল ভাল,
আসল ভাল নকল ভাল,
সস্তা ভাল দামীও ভাল,
তুমিও ভাল আমিও ভাল,
হেথায় গানের ছন্দ ভাল,
হোথায় ফুলের গন্ধ ভাল,
মেঘ-মাখানো আকাশ ভাল,
ঢেউ-জাগানো বাতাস ভাল,
গ্রীষ্ম ভাল বর্ষা ভাল,
ময়লা ভাল ফর্‌সা ভাল,
পোলাও ভাল কোর্মা ভাল,

মাছ পটোলের দোল্‌মা ভাল,
কাঁচাও ভাল পাকাও ভাল,
সোজাও ভাল বাঁকাও ভাল,
কাঁসিও ভাল ঢাক্‌ও ভাল,
টিকিও ভাল টাকও ভাল,
ঠেলার গাড়ী ঠেল্‌তে ভাল,
খাস্তা লুচি বেল্‌তে ভাল,
গিট্‌কিরি গান শুন্‌তে ভাল,
শিমুল তুলো ধুন্‌তে ভাল,
ঠান্ডা জলে নাইতে ভাল,
কিন্তু সবার চাইতে ভাল—

—পাঁউরুটি আর ঝোলা গুড়।

S Ray.

কাতুকুতু বুড়ো

আর যেখানে যাওনা রে ভাই সপ্তসাগর পার,
কাতুকুতু বুড়োর কাছে যেও না খরবদার!
সর্বনেশে বৃদ্ধ সে ভাই যেও না তার বাড়ী—
কাতুকুতুর কুল্‌পি খেয়ে ছিঁড়বে পেটের নাড়ী।
কোথায় বাড়ী কেউ জানে না, কোন্ সড়কের মোড়ে,
একলা পেলে জোর ক'রে ভাই গল্প শোনায় প'ড়ে।
বিদ্‌ঘুটে তার গল্পগুলো না জানি কোন্ দেশী,
শুনলে পরে হাসির চেয়ে কান্না আসে বেশি!
না আছে তার মুণ্ডু মাথা, না আছে তার মানে,
তবুও তোমায় হাস্‌তে হবে তাকিয়ে বুড়োর পানে।
কেবল যদি গল্প বলে তাও থাকা যায় সয়ে,
গায়ের উপর সুড়সুড়ি দেয় লম্বা পালক লয়ে।
কেবল বলে, "হোঃ হোঃ হোঃ, কেষ্টদাসের পিসী—
বেচ্‌ত খালি কুম্‌ড়ো কচু হাঁসের ডিম আর তিসি।
ডিমগুলো সব লম্বা মতন, কুমড়োগুলো বাঁকা,
কচুর গায়ে রংবেরঙের আল্‌পনা সব আঁকা।
অষ্ট প্রহর গাইত পিসী আওয়াজ ক'রে মিহি,
ম্যাও ম্যাও ম্যাও বাকুম্ বাকুম্ ভৌ ভৌ ভৌ চীঁহি।"
এই না বলে কুটুৎ ক'রে চিম্‌টি কাটে ঘাড়ে,
খ্যাংরা মতন আঙুল দিয়ে খোঁচায় পাঁজর হাড়ে।
তোমায় দিয়ে সুড়সুড়ি সে আপনি লুটোপুটি,—
যতক্ষণ না হাস্‌বে তোমার কিচ্ছুতে নাই ছুটি!

গানের গুঁতো

গান জুড়েছেন গ্রীষ্মকালে ভীষ্মলোচন শর্মা—
আওয়াজখানা দিচ্ছে হানা দিল্লী থেকে বর্মা!
গাইছে ছেড়ে প্রাণের মায়া, গাইছে তেড়ে প্রাণপণ,
ছুট্‌ছে লোকে চারদিকেতে ঘুরছে মাথা ভন্‌ ভন্‌।
মর্‌ছে কত জখম হয়ে কর্‌ছে কত ছট্‌ ফট্‌—
বলছে হেঁকে, "প্রাণটা গেল, গানটা থামাও ঝট্‌ পট্‌।"
বাঁধন-ছেঁড়া মহিষ ঘোড়া পথের ধারে চিৎপাত;
ভীষ্মলোচন গাইছে তেড়ে নাইকো তাহে দৃক্‌পাত।
চার পা তুলি জন্তুগুলি পড়্‌ছে বেগে মূর্ছায়,
লাঙ্গুল খাড়া পাগল পারা বল্‌ছে রেগে "দূর ছাই।"
জলের প্রাণী অবাক মানি গভীর জলে চুপ চাপ্‌,
গাছের বংশ হ'চ্ছে ধ্বংস পড়্‌ছে দেদার ঝুপ ঝাপ্‌।
শূন্য মাঝে ঘূর্ণা লেগে ডিগবাজি খায় পক্ষী,
সবাই হাঁকে, "আর না দাদা, গানটা থামাও লক্ষ্মী।"
গানের দাপে আকাশ কাঁপে দালান ফাটে বিল্‌কুল্‌
ভীষ্মলোচন গাইছে ভীষণ খোস্‌মেজাজে দিল্‌ খুল্‌।
এক যে ছিল পাগ্‌লা ছাগল, এম্‌নি সেটা ওস্তাদ,
গানের তালে শিং বাগিয়ে মারলে গুঁতো পশ্চাৎ।
আর কোথা যায় একটি কথায় গানের মাথায় ডান্ডা,
'বাপরে' ব'লে ভীষ্মলোচন এক্কেবারে ঠান্ডা।

শব্দকল্পদ্রুম

ঠাস্ ঠাস্ দ্রুম্ দ্রাম্, শুনে লাগে খট্‌কা—
ফুল ফোটে? তাই বল! আমি ভাবি পট্‌কা!
শাঁই শাঁই পন্‌পন্, ভয়ে কান্ বন্ধ—
ওই বুঝি ছুটে যায় সে-ফুলের গন্ধ?
হুড়মুড় ধুপ্‌ধাপ্—ওকি শুনি ভাই রে!
দেখ্‌ছ না হিম পড়ে—যেওনাকো বাইরে।
চুপ্ চুপ্ ঐ শোন্! ঝুপ্‌ঝাপ্ ঝপা—স!
চাঁদ বুঝি ডুবে গেল?—গব্ গব্ গবা—স্!
খ্যাঁশ্ খ্যাঁশ্ ঘ্যাঁচ্ ঘ্যাঁচ্, রাত কাটে ঐরে!
দুড়্ দাড়্ চুরমার— ঘুম ভাঙে কই রে!
ঘর্ঘর ভন্‌ভন্ ঘোরে কত চিন্তা!
কত মন নাচে শোন্— ধেই ধেই ধিন্‌তা!
ঠুংঠাং ঢংঢং, কত ব্যথা বাজে রে—
ফট্ ফট্ বুক ফাটে তাই মাঝে মাঝে রে!
হৈ হৈ মার্ মার্, "বাপ্ বাপ্" চীৎকার—
মালকোঁচা মারে বুঝি? সরে পড়্ এইবার।

S Ray

খুড়োর কল

কল করেছেন আজব রকম চণ্ডীদাসের খুড়ো—
সবাই শুনে সাবাস্ বলে পাড়ার ছেলে বুড়ো।
খুড়োর যখন অল্প বয়স—বছর খানেক হবে—
উঠ্‌লো কেঁদে 'গুংগা' ব'লে ভীষণ অট্টরবে।
আর তো সবাই 'মামা' 'গাগা' আবোল তাবোল বকে;
খুড়োর মুখে 'গুংগা' শুনে চম্‌কে গেল লোকে।
বল্‌লে সবাই, "এই ছেলেটা বাঁচলে পরে তবে,
বুদ্ধি জোরে এ সংসারে একটা কিছু হবে।"
সেই খুড়ো আজ কল করেছেন আপন বুদ্ধি বলে,
পাঁচ ঘণ্টার রাস্তা যাবে দেড় ঘণ্টায় চলে।
দেখে এলাম কলটি অতি সহজ এবং সোজা,
ঘণ্টা পাঁচেক ঘাঁটলে পরে আপনি যাবে বোঝা।
বল্‌ব কি আর কলের ফিকির, বল্‌তে না পাই ভাষা,
ঘাড়ের সঙ্গে যন্ত্র জুড়ে এক্কেবারে খাসা।

সামনে তাহার খাদ্য ঝোলে যার যে রকম রুচি—
মণ্ডা মিঠাই চপ্ কাট্‌লেট্ খাজা কিংবা লুচি।
মন বলে তায় 'খাব খাব', মুখ চলে তায় খেতে,
মুখের সঙ্গে খাবার ছোটে পাল্লা দিয়ে মেতে।
এমনি ক'রে লোভের টানে খাবার পানে চেয়ে,
উৎসাহেতে হুঁস্ রবে না চল্‌বে কেবল ধেয়ে।
হেসে খেলে দু' দশ যোজন চল্‌বে বিনা ক্লেশে,
খাবার গন্ধে পাগল হ'য়ে জিভের জলে ভেসে।
সবাই বলে সমস্বরে ছেলে জোয়ান বুড়ো,
অতুল কীর্তি রাখল ভবে চণ্ডীদাসের খুড়ো।

লড়াই-ক্ষ্যাপা

ওই আমাদের পাগ্‌লা জগাই, নিত্যি হেথায় আসে;
আপন মনে গুন্ গুনিয়ে মুচ্‌কি হাসি হাসে।
চলতে গিয়ে হঠাৎ যেন থমক লেগে থামে,
তড়াক্ ক'রে লাফ দিয়ে যায় ডাইনে থেকে বামে।
ভীষণ রোখে হাত গুটিয়ে সাম্‌লে নিয়ে কোঁচা;
"এইয়ো" বলে ক্ষ্যাপার মতো শূন্যে মারে খোঁচা।
চেঁচিয়ে বলে, "ফাঁদ পেতেছ? জগাই কি তায় পড়ে?
সাত জার্মান, জগাই একা, তবুও জগাই লড়ে।"
উৎসাহেতে গরম হ'য়ে তিড়িংবিড়িং নাচে,
কখনও যায় সামনে তেড়ে, কখনও যায় পাছে।
এলোপাতাড়ি ছাতার বাড়ি ধুপুস্‌ধাপুস্ কত!
চক্ষু বুজে কায়দা খেলায় চর্কিবাজির মত।
লাফের চোটে হাঁপিয়ে ওঠে গায়েতে ঘাম ঝরে,
দুড়ুম ক'রে মাটির পরে লম্বা হয়ে পড়ে।
হাত পা ছুঁড়ে চেঁচায় খালি চোখ্‌টি ক'রে ঘোলা,
"জগাই মোলো হঠাৎ খেয়ে কামানের এক গোলা!"
এই না ব'লে মিনিট খানেক ছট্‌ফটিয়ে খুব,
মড়ার মত শক্ত হ'য়ে এক্কেবারে চুপ!
তার পরেতে সটান্ ব'সে চুল্‌কে খানিক মাথা,
পকেট থেকে বার করে তার হিসেব লেখার খাতা।
লিখ্‌ল তাতে—"শোন্‌রে জগাই, ভীষণ লড়াই হলো
পাঁচ ব্যাটাকে খতম ক'রে জগাই দাদা মোলো।"

বাবুরাম সাপুড়ে

বাবুরাম সাপুড়ে,
কোথা যাস্ বাপুরে?
আয় বাবা দেখে যা,
দুটো সাপ রেখে যা!
যে সাপের চোখ্ নেই,
শিং নেই নোখ্ নেই,
ছোটে না কি হাঁটে না,
কাউকে যে কাটে না,
করে নাকো ফোঁস্ ফাঁস্,
মারে নাকো ঢুঁশ্ ঢাঁশ,
নেই কোন উৎপাত,
খায় শুধু দুধ ভাত—
সেই সাপ জ্যান্ত
গোটা দুই আনত!
তেড়ে মেরে ডান্ডা
ক'রে দিই ঠাণ্ডা।

ছায়াবাজি

আজগুবি নয়, আজগুবি নয়, সত্যিকারের কথা—
ছায়ার সাথে কুস্তি ক'রে গাত্রে হল ব্যথা!
ছায়া ধরার ব্যবসা করি তাও জাননা বুঝি?
রোদের ছায়া, চাঁদের ছায়া, হরেক রকম পুঁজি!
শিশির ভেজা সদ্য ছায়া, সকাল বেলায় তাজা,
গ্রীষ্মকালের শুক্‌নো ছায়া ভীষণ রোদে ভাজা।
চিলগুলো যায় দুপুর বেলায় আকাশ পথে ঘুরে
ফাঁদ ফেলে তার ছায়ার উপর খাঁচায় রাখি পুরে।
কাগের ছায়া বগের ছায়া দেখ্‌ছি কত ঘেঁটে—
হাল্কা মেঘের পান্‌সে ছায়া তাও দেখেছি চেটে।
কেউ জানে না এসব কথা কেউ বোঝে না কিছু,
কেউ ঘোরে না আমার মত ছায়ার পিছুপিছু।
তোমরা ভাব গাছের ছায়া অম্‌নি লুটায় ভুঁয়ে,
অম্‌নি শুধু ঘুমায় বুঝি শান্ত মতন শুয়ে;
আসল ব্যাপার জান্‌বে যদি আমার কথা শোনো,
বল্‌ছি যা তা সত্যি কথা, সন্দেহ নাই কোনো।

কেউ যবে তার রয়না কাছে, দেখ্‌তে নাহি পায়,
গাছের ছায়া ছট্‌ফটিয়ে এদিক ওদিক চায়।
সেই সময়ে গুড়্‌গুড়িয়ে পিছন হ'তে এসে
ধামায় চেপে ধপাস্‌ করে ধর্‌বে তারে ঠেসে।
পাৎলা ছায়া, ফোক্‌লা ছায়া, ছায়া গভীর কালো—
গাছের চেয়ে গাছের ছায়া সব রকমই ভালো।

গাছ গাছালি শেকড় বাকল মিথ্যে সবাই গেলে,
বাপ্‌রে ব'লে পালায় ব্যামো ছায়ার ওযুধ খেলে।
নিমের ছায়া ঝিঙের ছায়া তিক্ত ছায়ার পাক,
যেই খাবে ভাই অঘোর ঘুমে ডাক্‌বে তাহার নাক্।
চাঁদের আলোয় পেঁপের ছায়া ধরতে যদি পার,
শুঁক্‌লে পরে সর্দিকাশি থাকবে না আর কারো।
আম্‌ড়া গাছের নোংরা ছায়া কাম্‌ড়ে যদি খায়
ল্যাংড়া লোকের ঠ্যাং গজাবে সন্দেহ নাই তায়।
আষাঢ় মাসের বাদ্‌লা দিনে বাঁচ্‌তে যদি চাও,
তেঁতুল তলার তপ্ত ছায়া হপ্তা তিনেক খাও।
মৌয়া মাছের মিষ্টি ছায়া 'ব্লটিং' দিয়ে শুষে
ধুয়ে মুছে সাবধানেতে রাখ্‌ছি ঘরে পুষে!
পাক্কা নতুন টাট্‌কা ওযুধ এক্কেবারে দিশি—
দাম করেছি শস্তা বড়, চোদ্দ আনা শিশি।

কুম্‌ড়ো পটাশ

(যদি) কুম্‌ড়োপটাশ নাচে—
খবরদার এসো না কেউ আস্তাবলের কাছে;
চাইবে নাকো ডাইনে বাঁয়ে চাইবে নাকো পাছে;
চার পা তুলে থাক্‌বে ঝুলে হট্টমূলার গাছে!

(যদি) কুম্‌ড়োপটাশ কাঁদে—
খবরদার! খবরদার!বস্‌বে না কেউ ছাদে;
উপুড় হয়ে মাচায় শুয়ে লেপ কম্বল কাঁধে,
বেহাগ সুরে গাইবে খালি 'রাধে কৃষ্ণ রাধে'!

(যদি) কুম্‌ড়োপটাশ হাসে—
থাক্‌বে খাড়া একটি ঠ্যাঙে রান্নাঘরের পাশে;
ঝাপ্‌সা গলায় ফার্সি কবে নিশ্বাসে ফিস্‌ফাসে;
তিনটি বেলা উপোস্ ক'রে থাকবে শুয়ে ঘাসে!

(যদি) কুম্‌ড়োপটাশ ছোটে—
সবাই যেন তড়্‌বড়িয়ে জানলা বেয়ে ওঠে;
হুঁকোর জলে আলতা গুলে লাগায় গালে ঠোঁটে;
ভুলেও যেন আকাশ পানে তাকায় না কেউ মোটে!

(যদি) কুম্‌ড়োপটাশ ডাকে—
সবাই যেন শাম্‌লা এঁটে গামলা চ'ড়ে থাকে;
ছেঁচ্‌কি শাকের ঘণ্ট বেটে মাথায় মলম মাখে;
শক্ত ইঁটের তপ্ত ঝামা ঘষ্‌তে থাকে নাকে।

তুচ্ছ ভেবে এসব কথা করছে যারা হেলা,
কুম্‌ড়োপটাশ জান্‌তে পেলে বুঝ্‌বে তখন ঠেলা।
দেখবে তখন কোন্ কথাটি কেমন ক'রে ফলে,
আমায় তখন দোষ দিও না, আগেই রাখি ব'লে।

সাবধান

আরে আরে, ওকি কর প্যালারাম বিশ্বাস?
ফোঁস্ ফোঁস্ অত জোরে ফেলোনাকো নিশ্বাস!
জানোনা কি সে বছর ওপাড়ার ভুতোনাথ,
নিশ্বাস নিতে গিয়ে হয়েছিল কুপোকাৎ?
হাঁপ ছাড় হ্যাঁস্‌ফ্যাঁস্ ও রকম হাঁ ক'রে—
মুখে যদি ঢুকে বসে পোকা মাছি মাকড়ে?
বিপিনের খুড়ো হয় বুড়ো সেই হল' রায়,
মাছি খেয়ে পাঁচমাস ভুগেছিল কলেরায়।
তাই বলি— সাবধান! ক'রো নাকো ধুপ্‌ধাপ্,
টিপি টিপি পায় পায় চলে যাও চুপ্ চাপ্।
চেয়োনাকো আগে পিছে, যেয়োনাকো ডাইনে—
সাবধানে বাঁচে লোকে,— এই লেখে আইনে।
পড়েছ ত কথামালা? কে যেন সে কি ক'রে
পথে যেতে প'ড়ে গেল পাতকো'র ভিতরে?
ভালো কথা— আর যেন সকালে কি দুপুরে,
নেয়োনাকো কোনো দিন ঘোষেদের পুকুরে;
এরকম মোটা দেহে কি যে হবে কোন দিন,
কথাটাকে ভেবে দেখ কি রকম সঙ্গিন!
চটো কেন? হয় নয় কেবা জানে পষ্ট,
যদি কিছু হ'য়ে পড়ে পাবে শেষে কষ্ট।
মিছিমিছি ঘ্যান্‌ঘ্যান্ কেন কর তক্ক?
শিখেছ জ্যাঠামো খালি, ইঁচড়েতে পক্ক,
মান্‌বে না কোনো কথা চলা ফেরা আহারে,

একদিন টের পাবে ঠেলা কয় কাহারে।
রমেশের মেঝ মামা সেও ছিল সেয়না,
যত বলি ভালো কথা কানে কিছু নেয় না—
শেষকালে একদিন চান্নির বাজারে
প'ড়ে গেল গাড়ি চাপা রাস্তার মাঝারে!

বুড়ীর বাড়ি

গালভরা হাসিমুখে চালভাজা মুড়ি,
ঝুর্‌ঝুরে প'ড়ো ঘরে থুর্‌থুরে বুড়ী।
কাঁথাভরা ঝুল্‌কালি, মাথাভরা ধুলো,
মিট্‌ মিটে ঘোলা চোখ, পিটখানা কুলো।
কাঁটা দিয়ে আঁটা ঘর—আঠা দিয়ে সেঁটে,
সুতো দিয়ে বেঁধে রাখে থুতু দিয়ে চেটে।
ভর দিতে ভয় হয় ঘর বুঝি পড়ে,
খক্‌ খক্‌ কাশি দিলে ঠক্‌ ঠক্‌ নড়ে।
ডাকে যদি ফিরিওয়ালা, হাঁকে যদি গাড়ি,
খসে পড়ে কড়িকাঠ ধসে পড়ে বাড়ী।
বাঁকাচোরা ঘরদোর ফাঁকা ফাঁকা কত,
ঝাঁট্‌ দিলে ঝ'রে পড়ে কাঠকুটো যত।
ছাদগুলো ঝুলে পড়ে বাদ্‌লায় ভিজে,
একা বুড়ী কাঠি গুঁজে ঠেকা দেয় নিজে।
মেরামত দিনরাত কেরামত ভারি,
থুর্‌থুরে বুড়ী তার ঝুর্‌ঝুরে বাড়ী।।

প্যাঁচা আর প্যাঁচানি

প্যাঁচা কয় প্যাঁচানি
খাসা তোর চ্যাঁচানি!
শুনে শুনে আন্‌মন
নাচে মোর প্রাণমন!
মাজা-গলা চাঁচা সুর
আহ্লাদে ভরপুর!
গলা-চেরা ধমকে
গাছ পালা চমকে,
সুরে সুরে কত প্যাঁচ
গিট্‌কিরি ক্যাঁচ ক্যাঁচ!
যত ভয় যত দুখ
দুরু দুরু ধুক্‌ ধুক্‌,
তোর গানে পেঁচি রে
সব ভুলে গেছি রে—
চাঁদ মুখে মিঠে গান
শুনে ঝরে দু'নয়ান।

হাতুড়ে

একবার দেখে যাও ডাক্তারি কেরামৎ—
কাটা ছেঁড়া ভাঙা চেরা চট্‌পট্‌ মেরামৎ।
কয়েছেন গুরু মোর, "শোন শোন বৎস,
কাগজের রোগী কেটে আগে কর মক্‌স।"
উৎসাহে কি না হয়? কি না হয় চেষ্টায় ?

অভ্যাসে চট্‌পট্‌ হাত পাকে শেষটায়।
খেটে খুটে জল হ'ল শরীরের রক্ত—
শিখে দেখি বিদ্যেটা নয় কিছু শক্ত।
কাটা ছেঁড়া ঠুক্‌ ঠাক্‌, কত দেখ যন্ত্র,
ভেঙে চুরে জুড়ে দেই তারও জানি মন্ত্র।
চোখ বুজে চট্‌পট্‌ বড় বড় মূর্তি,
যত কাটি ঘ্যাঁস্‌ ঘ্যাঁস্‌ তত বাড়ে ফুর্তি।
ঠ্যাং-কাটা গলাকাটা কত কাটা হস্ত,
শিরিষের আঠা দিয়ে জুড়ে দেয় চোস্ত।
এইবারে বলি তাই, রোগী চাই জ্যান্ত—
ওরে ভোলা গোটাছয় রোগী ধরে আন্‌ত!

গেঁটেবাতে ভুগে মরে ও পাড়ার নন্দী,
কিছুতেই সারাবে না এই তার ফন্দি—
এক দিন এনে তারে এইখানে ভুলিয়ে,
গেঁটেবাত ঘুঁটে-ঘেঁটে সব দেব ঘুলিয়ে।
কার কানে কট্‌কট্‌ কার নাকে সর্দি?
এস, এস, ভয় কিসে? আমি আছি বদ্যি।
শুয়ে কেরে ? ঠ্যাং-ভাঙা? ধরে আন্‌ এখেনে—
স্ক্রুপ্‌ দিয়ে এঁটে দিব কি রকম দেখেনে।
গাল ফোলা কাঁদ কেন? দাঁতে বুঝি বেদনা?
এস এস ঠুকে দেই—আর মিছে কেঁদ না,
এই পাশে গোটা দুই, ওই পাশে তিনটে—
দাঁতগুলো টেনে দেখি— কোথা গেল চিম্‌টে?
ছেলে হও, বড়ো হও, অন্ধ কি পঙ্গু,
মোর কাছে ভেদ নাই, কলেরা কি ডেঙ্গু—
কালাজ্বর, পালাজ্বর, পুরানো কি টাট্‌কা,
হাতুড়ির একঘায়ে একেবারে আট্‌কা!

কিম্ভূত

বিদ্‌ঘুটে জানোয়ার কিমাকার কিম্ভূত,
সারাদিন ধ'রে তার শুনি শুধু খুঁৎ খুঁৎ।
মাঠপারে ঘাটপারে কেঁদে মরে খালি সে,
ঘ্যান্ ঘ্যান্ আবদারে ঘন ঘন নালিশে।
এটা চাই সেটা চাই কত তার বায়না—
কি যে চায় তাও ছাই বোঝা কিছু যায় না।
কোকিলের মত তার কণ্ঠেতে সুর চাই,
গলা শুনে আপনার বলে,"উঁহু, দুর ছাই!"
আকাশেতে উড়ে যেতে পাখিদের মানা নেই—
তাই দেখে মরে কেঁদে— তার কেন ডানা নেই !
হাতিটার কী বাহার দাঁতে আর শুণ্ডে—
ও রকম জুড়ে তার দিতে হবে মুণ্ডে!
কাঙ্গারুর লাফ দেখে ভারি তার হিংসে—
ঠ্যাং চাই আজ থেকে ঢ্যাংঢেঙে চিম্‌সে!
সিংহের কেশরের মত তার তেজ কৈ?
পিছে খাসা গোসাপের খাঁজকাটা লেজ কৈ?
একলা সে সব হ'লে মেটে তার প্যাখনা;
যারে পায় তারে বলে, "মোর দশা দেখ্ না !"

কেঁদে কেঁদে শেষটায়— আষাঢ়ের বাইশে
হ'ল বিনা চেষ্টায় চেয়েছে যা তাই সে।
ভুলে গিয়ে কাঁদাকাটি আহ্লাদে আবেশে
চুপিচুপি একলাটি ব'সে ব'সে ভাবে সে—

লাফ দিয়ে হুশ্ করে হাতি কভু নাচে কি?
কলাগাছ খেলে পরে কাঙ্গারুটা বাঁচে কি?
ভোঁতামুখে কুহুডাক শুনে লোকে কবে কি?
এই দেহে শুঁড়ো নাক খাপছাড়া হবে কি?
"বুড়ো হাতি ওড়ে" ব'লে কেউ যদি গালি দেয়?
কান টেনে ল্যাজ ম'লে "দুয়ো" ব'লে তালি দেয়?
কেউ যদি তেড়েমেড়ে বলে তার সাম্‌নেই—
"কোথাকার তুই কেরে, নাম নেই ধাম নেই?"
জবাব কি দেবে ছাই, আছে কিছু বল্‌বার?
কাঁচুমাচু ব'সে তাই, মনে শুধু, তোল্‌পাড়—
"নই ঘোড়া, নই হাতি, নই সাপ বিচ্ছু,
মৌমাছি প্রজাপতি নই আমি কিচ্ছু।
মাছ ব্যাং গাছপাতা জলমাটি ঢেউ নই,
"নই জুতা নই ছাতা, আমি তবে কেউ নই!"

SR

চোর ধরা

আছে ছি ছি ! রাম রাম! ব'লো না হে ব'লো না—
চল্‌ছে যা জুয়াচুরি, নাহি তার তুলনা।
যেই আমি দেই ঘুম টিফিনের আগেতে,
ভয়ানক ক'মে যায় খাবারের ভাগেতে!
রোজ দেখি খেয়ে গেছে, জানিনেকো কারা সে—
কাল্‌কে যা হ'য়ে গেল ডাকাতির বাড়া সে!
পাঁচখানা কাট্‌লেট্‌, লুচি তিন গণ্ডা,
গোটা দুই জিবে গজা, গুটি দুই মণ্ডা,
আরো কত ছিল পাতে আলুভাজা ঘুঙ্‌নি—
ঘুম থেকে উঠে দেখি পাতখানা শূন্যি!
তাই আজ ক্ষেপে গেছি—কত আর পার্‌ব?
এতদিন স'য়ে স'য়ে এইবারে মার্‌ব।
খাড়া আছি সারাদিন হুঁসিয়ার পাহারা,
দেখে নেব রোজ রোজ খেয়ে যায় কাহারা।
রামু হও, দামু হও, ওপাড়ার ঘোষ বোস—
যেই হও এইবারে থেমে যাবে ফোঁস্‌ ফোঁস্‌।
খাটবে না জারি জুরি আঁট্‌বে না মার্‌ প্যাঁচ্‌,
যারে পাব ঘাড়ে ধ'রে কেটে দেব ঘ্যাঁচ্‌ ঘ্যাঁচ্‌।
এই দেখ ঢাল নিয়ে খাড়া আছি আড়ালে,
এইবারে টের পাবে মুণ্ডুটা বাড়ালে।
রোজ বলি "সাবধান!" কানে তবু, যায় না ?
ঠেলাখানা বুঝ্‌বিত এইবারে আয় না!

ঢপ্ ঢপ্ ঢাক্, ঢোল ভপ্ ভপ্ বাঁশি
ঝন্ ঝন্ করতাল্ ঠন্ ঠন্ কাঁসি।
ধুমধাম বাপ্ বাপ্ ভয়ে ভ্যাবা চ্যাকা
বাবুদের ছেলেটার দাঁত গেছে দেখা।।

আকাশের গায়ে কিবা রামধনু খেলে,
দেখে চেয়ে কত লোক সব কাজ ফেলে;
তাই দেখে খুঁৎ ধরা বুড়ো কয় চটে,
দেখ্ছ কি, এই রং পাকা নয় মোটে।।

বোম্বাগড়ের রাজা

কেউ কি জান সদাই কেন বোম্বাগড়ের রাজা—
ছবির ফ্রেমে বাঁধিয়ে রাখে আমসত্ত্ব ভাজা?
রানীর মাথায় অষ্টপ্রহর কেন বালিশ বাঁধা?
পাঁউরুটিতে পেরেক ঠোকে কেন রানীর দাদা?
কেন সেথায় সর্দি হ'লে ডিগ্‌বাজি খায় লোকে?
জোছ্‌না রাতে সবাই কেন আলতা মাখায় চোখে ?
ওস্তাদেরা লেপ মুড়ি দেয় কেন মাথায় ঘাড়ে ?
টাকের 'পরে পণ্ডিতেরা ডাকের টিকিট মারে?
রাত্রে কেন ট্যাঁকঘড়িটা ডুবিয়ে রাখে ঘিয়ে ?
কেন রাজার বিছ্‌না পাতে শিরীষ কাগজ দিয়ে ?
সভায় কেন চেঁচায় রাজা "হুক্কা হুয়া" ব'লে ?
মন্ত্রী কেন কল্‌সী বাজায় ব'সে রাজার কোলে?
সিংহাসনে ঝোলায় কেন ভাঙা বোতল শিশি ?
কুমড়ো নিয়ে ক্রিকেট খেলে কেন রাজার পিসী ?
রাজার খুড়ো নাচেন কেন হুঁকোর মালা প'রে?
এমন কেন ঘট্‌ছে তা কেউ বলতে পার মোরে?

নেড়া বেলতলায় যায় ক'বার ?

রোদে রাঙা ইঁটের পাঁজা তার উপরে বস্‌ল রাজা—
ঠোঙাভরা বাদাম ভাজা খাচ্ছে কিন্তু গিল্‌ছে না।
গায়ে আঁটা গরম জামা পুড়ে পিঠ হচ্ছে ঝামা;
রাজা বলে, "বৃষ্টি নামা—নইলে কিচ্ছু মিল্‌ছে না।"
থাকে সারা দুপুর ধ'রে ব'সে ব'সে চুপটি ক'রে,
হাঁড়িপানা মুখটি ক'রে আঁক্‌ড়ে ধ'রে শ্লেটটুকু;
ঘেমে ঘেমে উঠছে ভিজে ভ্যাবাচ্যাকা একলা নিজে,
হিজিবিজি লিখ্‌ছে কি যে বুঝ্‌ছে না কেউ একটুকু।

ঝাঁঝা রোদ আকাশ জুড়ে, মাথাটার ঝাঁঝ্‌রা ফুঁড়ে,
মগজেতে নাচ্‌ছে ঘুরে রক্তগুলো ঝনর্‌ ঝন্‌ ;
ঠাঠা-পড়া দুপুর দিনে, রাজা বলে, "আর বাঁচিনে,
ছুটে আন্‌ বরফ কিনে—ক'চ্ছে কেমন গা ছন্‌ছন্‌।"
সবে বলে, "হায় কি হল! রাজা বুঝি ভেবেই মোলো!
ওগো রাজা মুখ্‌টি খোল—কওনা ইহার কারণ কি?
রাঙামুখে পান্‌সে যেন তেলে ভাজা আম্‌সি হেন,
রাজা এত ঘাম্‌ছে কেন—শুনতে মোদের বারণ কি?"

রাজা বলে, "কেইবা শোনে যে কথাটা ঘুর্‌ছে মনে,
মগজের নানান্‌ কোণে—আন্‌ছি টেনে বাইরে তায়,
সে কথাটা বলছি শোন, যতই ভাব যতই গোন,
নাহি তার জবাব কোন কূলকিনারা নাইরে হায়।
লেখা আছে পুঁথির পাতে, 'নেড়া যায় বেলতলাতে,'
নাহি কোনো সন্ধ' তাতে—কিন্তু প্রশ্ন 'কবার যায়?'
এ কথাটা এদ্দিনেও পারে নিকো বুঝতে কেও,
লেখে নিকো পুস্তকেও, দিচ্ছে না কেউ জবাব তায়।

লাখোবার যায় যদি সে যাওয়া তার ঠেকায় কিসে?
ভেবে তাই পাইনে দিশে নাই কি কিচ্ছু উপায় তার?"
একথাটা যেম্নি বলা রোগা এক ভিস্তিও'লা
ঢিপ্‌ ক'রে বাড়িয়ে গলা প্রণাম কর্‌ল দু পায় তাঁর।
হেসে বলে, "আজ্ঞে সে কি? এতে আর গোল হবে কি?
নেড়াকে তো নিত্যি দেখি আপন চোখে পরিষ্কার—
আমাদেরি বেলতলা সে নেড়া সেথা খেল্‌তে আসে
হরে দরে হয়তো মাসে নিদেন পক্ষে পঁচিশ বার।"

ঠিকানা

আরে আরে জগমোহন— এস, এস, এস—
বল্‌তে পার কোথায় থাকে আদ্যানাথের মেশো?
আদ্যানাথের নাম শোননি? খগেনকে তো চেনো?
শ্যাম বাগ্‌চি খগেনেরই মামাশ্বশুর জেনো।
শ্যামের জামাই কেষ্টমোহন, তার যে বাড়ীওয়ালা—
(কি যেন নাম ভুলে গেছি), তারই মামার শালা;
তারই পিশের খুড়্‌তুতো ভাই আদ্যানাথের মেশো—
লক্ষ্মী দাদা, ঠিকানা তার একটু জেনে এসো।
ঠিকানা চাও? বল্‌ছি শোন; আমড়াতলার মোড়ে
তিন-মুখো তিন রাস্তা গেছে তারি একটা ধ'রে,
চল্‌বে সিধে নাকবরাবর, ডানদিকে চোখ রেখে;
চল্‌তে চল্‌তে দেখ্‌বে শেষে রাস্তা গেছে বেঁকে।
দেখ্‌বে সেথায় ডাইনে বাঁয়ে পথ গিয়েছে কত,
তারি ভিতর ঘুর্‌বে খানিক গোলোকধাঁধাঁর মত।
তার পরেতে হঠাৎ বেঁকে ডাইনে মোচড় মেরে,
ফির্‌বে আবার বাঁয়ের দিকে তিন্‌টে গলি ছেড়ে।
তবেই আবার পড়্‌বে এসে আমড়াতলার মোড়ে—
তারপরে যাও যেথায় খুশী—জ্বালিয়োনাকো মোরে।

বুঝিয়ে বলা

ও শ্যামাদাস! আয়ত দেখি, ব'স তো দেখি, এখেনে,
সেই কথাটা বুঝিয়ে দেব পাঁচ মিনিটে, দেখেনে।
জ্বর হয়েছে? মিথ্যে কথা! ওসব তোদের চালাকি—
এই যে বাবা চেঁচাচ্ছিলে, শুনতে পাইনি? কালা কি?
মামার ব্যামো? বদ্যি ডাক্‌বি? ডাকিস্ না হয় বিকেলে;
না হয় আমি বাৎলে দেব বাঁচ্‌বে মামা কি খেলে।
আজকে তোকে সেই কথাটা বোঝাবই বোঝাব—
না বুঝ্‌বি ত মগজে তোর গজাল মেরে গোঁজাব।
কোন্ কথাটা? তাও ভুলেছিস্ ? ছেড়ে দিছিস্ হাওয়াতে ?
কি বলছিলেম পরশু রাতে বিষ্টু বোসের দাওয়াতে?
ভুলিস্‌নি ত বেশ করেছিস্, আবার শুনলে ক্ষেতি কি ?
বড় যে তুই পালিয়ে বেড়াস্, মাড়াস্‌নে যে এদিক্‌ই।
বলছি দাঁড়া, ব্যস্ত কেন? বোস্ তাহলে নিচুতেই—
আজকালের এই ছোক্‌রাগুলোর তর্ সয়না কিছুতেই।
আবার দেখ! বস্‌লি কেন? বইগুলো আন্ নামিয়ে—
তুই থাক্‌তে মুটের বোঝা বইতে যাব আমি এ?

সাবধানে আন্, ধরছি দাঁড়া—সেই আমাকেই ঘামালি—
এই খেয়েছে! কোন্ আক্কেলে শব্দকোষটা নামালি?
ঢের হয়েছে। আয় দেখি তুই বোস্ ত দেখি এদিকে—
ওরে গোপাল গোটাকয়েক পান দিতে বল্ খেঁদিকে।—

বলছিলাম কি, বস্তুপিণ্ড সুক্ষ্ম হতে স্থূলেতে,
অর্থাৎ কিনা লাগ্‌ছে ঠেলা পঞ্চভূতের মূলেতে—
গোড়ায় তবে দেখ্‌তে হবে কোত্থেকে আর কি ক'রে,
রস জমে এই প্রপঞ্চময় বিশ্বতরুর শিকড়ে।
অর্থাৎ কিনা, এই মনে কর্ রোদ পড়েছে ঘাসেতে,
এই মনে কর্, চাঁদের আলো পড়লো তারি পাশেতে—
আবার দেখ! এরই মধ্যে হাই তোলবার মানে কি?
আকাশপানে তাকাস্ খালি, যাচ্ছে কথা কানে কি?
কি বল্লি তুই? এ সব শুধু আবোল তাবোল বকুনি?
বুঝতে হলে মগজ লাগে, ব'লেছিলাম তখুনি।
মগজভরা গোবর তোদের হচ্ছে ঘুঁটে শুকিয়ে,
যায় কি দেওয়া কোন কথা তার ভিতরে ঢুকিয়ে?—
ও শ্যামাদাস! উঠলি কেন? কেবল যে চাস্ পালাতে।
না শুনবি ও মিথ্যে সবাই আসিস্ কেন জ্বালাতে?
তত্ত্বকথা যায় না কানে যতই মরি চেঁচিয়ে—
ইচ্ছে করে ডান্‌পিটেদের কান ম'লে দি পেঁচিয়ে।

একুশে আইন

শিবঠাকুরের আপন দেশে,
আইন কাননে সর্বনেশে।
কেউ যদি যায় পিছ্‌লে প'ড়ে,
প্যায়দা এসে পাক্‌ড়ে ধরে,
কাজির কাছে হয় বিচার—
একুশ টাকা দন্ড তার।।

সেথায় সন্ধে ছ'টার আগে,
হাঁচতে হ'লে টিকিট লাগে—
হাঁচ্‌লে পরে বিন্ টিকিটে—
দম্‌দমাদম্ লাগায় পিঠে,
কোটাল এসে নাস্যি ঝাড়ে—
একুশ দফা হাঁচিয়ে মারে।।

কারুর যদি দাঁতটি নড়ে,
চারটি টাকা মাশুলে ধরে,
কারুর যদি গোঁফ গজায়,
একশো আনা ট্যাক্‌স চায়—
খুঁচিয়ে পিঠে গুঁজিয়ে ঘাড়,
সেলাম ঠোকায় একুশ বার।।

চল্‌তে গিয়ে কেউ যদি চায়
এদিক্ ওদিক্, ডাইনে বাঁয়,

রাজার কাছে খবর ছোটে,
পল্টনেরা লাফিয়ে ওঠে,
দুপুর রোদে ঘামিয়ে তায়
একুশ হাতা জল গোলায়।।

যে সব লোকে পদ্য লেখে,
তাদের ধ'রে খাঁচায় রেখে,
কানের কাছে নানান্ সুরে,
নামতা শোনায় একশো উড়ে
সামনে রেখে মুদীর খাতা—
হিসেব কষায় একুশ পাতা।।

হঠাৎ সেথায় রাত দুপুরে,
নাক ডাকালে ঘুমের ঘোরে,
অম্নি তেড়ে মাথায় ঘষে,
গোবর গুলে বেলের কষে,
একুশটি পাক ঘুরিয়ে তাকে
একুশ ঘণ্টা ঝুলিয়ে রাখে।।

হুঁকোমুখো হ্যাংলা

হুঁকোমুখো হ্যাংলা বাড়ী তার বাংলা
মুখে তার হাসি নাই, দেখেছ ?
নাই তার মানে কি? কেউ তাহা জানে কি ?
কেউ কভু তার কাছে থেকেছ?

শ্যামাদাস মামা তার   আফিঙের থানাদার,
আর তার কেহ নাই এছাড়া—
তাই বুঝি একা সে   মুখখানা ফ্যাকাশে,
ব'সে আছে কাঁদ-কাঁদ বেচারা ?

থপ্ থপ্ পায়ে সে   নাচ্‌ত যে আয়েসে,
গাল ভরা ছিল তার ফুর্তি,
গাইত সে সারাদিন   'সারে গামা টিম্ টিম্',
আহ্লাদে গদ-গদ মূর্তি!

এই তো সে দুপ'রে   বসে ওই উপরে,
খাচ্ছিল কাঁচকলা চট্‌কে—
এর মাঝে হল কি?   মামা তার মোলো কি ?
অথবা কি ঠ্যাং গেল মট্‌কে ?

হুঁকোমুখো হেঁকে কয়,   "আরে দূর, তা তো নয়,
দেখ্‌ছে না কি রকম চিন্তা?
মাছি মারা ফন্দি এ   যত ভাবি মন দিয়ে—
ভেবে ভেবে কেটে যায় দিনটা।

বসে যদি ডাইনে,—   লেখে মোর আইনে—
এই ল্যাজে মাছি মারি ত্রস্ত;
বামে যদি বসে তাও   নহি আমি পিছপাও,
এই ল্যাজে আছে তার অস্ত্র!

যদি দেখি কোন পাজি   বসে ঠিক মাঝামাঝি,
কি যে করি ভেবে নাহি পাইরে—
ভেবে দেখ একি দায়,   কোন্ ল্যাজে মারি তায়
দুটি বই ল্যাজ মোর নাই রে।"

বিজ্ঞান শিক্ষা

আয় তোর মুণ্ডুটা দেখি, আয় দেখি 'ফুটোস্কোপ' দিয়ে,
দেখি কত ভেজালের মেকি আছে তোর মগজের ঘিয়ে।
কোন্ দিকে বুদ্ধিটা খোলে, কোন্ দিকে থেকে যায় চাপা;
কতখানি ভস্ ভস্ ঘিলু, কতখানি ঠক্ ঠকে ফাঁপা।
মন তোর কোন্ দেশে থাকে, কেন তুই ভুলে যাস্ কথা—
আয় দেখি কোন্ ফাঁক দিয়ে, মগজেতে ফুটো তোর কোথা।
টোল-খাওয়া ছাতাপড়া মাথা, ফাটা-মত মনে হয় যেন,
আয় দেখি বিশ্লেষ ক'রে— চোপ্ রও ভয় পাস্ কেন?
কাৎ হয়ে কান ধরে দাঁড়া, জিভ্‌খানা উল্‌টিয়ে দেখা
ভালো ক'রে বুঝে শুনে দেখি— বিজ্ঞানে যে রকম লেখা।
মুন্ডুতে 'ম্যাগ্‌নেট্' ফেলে, বাঁশ দিয়ে 'রিফ্লেক্‌ট্' ক'রে,
ইঁট দিয়ে 'ভেলসিটি' ক'ষে দেখি মাথা ঘোরে কি না ঘোরে।

নারদ! নারদ!

"হ্যাঁরে হ্যাঁরে তুই নাকি কাল সাদাকে বল্‌ছিলি লাল?
(আর) সেদিন নাকি রাত্রি জুড়ে নাক ডেকেছিস্ বিশ্রী সুরে?
(আর) তোদের পোষা বেড়ালগুলো শুন্‌ছি নাকি বেজায় হুলো ?
(আর) এই যে শুনি তোদের বাড়ি কেউ নাকি রাখে না দাড়ি?
ক্যান্ রে ব্যাটা ইসটুপিড? ঠেঙিয়ে তোরে কর্‌ব ঢিট্!"
"চোপরাও তুম্ স্পিকটি নট্, মার্‌ব রেগে পটাপট্—
ফের যদি ট্যারাবি চোখ, কিম্বা আবার কর্‌বি রোখ,
কিম্বা যদি অম্‌নি ক'রে মিথ্যেমিথ্যি চ্যাঁচাস্ জোরে—
আই ডোন্ট কেয়ার্ কানাকড়ি—জানিস্ আমি স্যান্ডো করি?"
"ফের লাফাচ্ছিস! অল্ রাইট্ কামেন্ ফাইট্! কামেন্ ফাইট্ !"
"ঘুঘু দেখেছ, ফাঁদ দেখনি, টেরটা পাবে আজ এখনি!
আজকে যদি থাক্‌ত মামা পিটিয়ে তোমায় কর্‌ত ঝামা।
আরে! আরে! মার্‌বি নাকি? দাঁড়া একটা পুলিশ ডাকি!
হাঁহাঁহাঁহাঁ! রাগ করো না, কর্‌তে চাও কি তাই বল না?"
"হ্যাঁ হ্যাঁ তাতো সত্যি বটেই আমি তো চটিনি মোটেই!
মিথ্যে কেন লড়তে যাবি? ভেরি-ভেরি সরি, মশলা খাবি ?
'শেক্‌হ্যান্ড' আর 'দাদা' বল সব শোধ বোধ ঘরে চল।
ডোন্ট পরোয়া অল্ রাইট্ হাউ ডুয়ুডু গুড্ নাইট্।"

কি মুস্কিল!

সব লিখেছে এই কেতাবে দুনিয়ার সব খবর যত,
সরকারী সব আফিসখানার কোন্ সাহেবের কদর কত।
কেমন ক'রে চাট্নি বানায়, কেমন ক'রে পোলাও করে,
হরেক্ রকম মুষ্টিযোগের বিধান লিখ্ছে ফলাও ক'রে।
সাবান কালি দাঁতের মাজন বানাবার সব কায়দাকেতা,
পূজা পার্বণ তিথির হিসাব শ্রাদ্ধবিধি লিখ্ছে হেথা।
সব লিখেছে, কেবল দেখ পাচ্ছিনেকো লেখা কোথায়—
পাগ্লা ষাঁড়ে কর্লে তাড়া কেমন ক'রে ঠেকাব তায়!

ডানপিটে

বাপ্‌রে কি ডানপিটে ছেলে!—
কোন্ দিন ফাঁসি যাবে নয় যাবে জেলে।
একটা সে ভূত সেজে আঠা মেখে মুখে,
ঠাঁই ঠাঁই শিশি ভাঙে শ্লেট দিয়ে ঠুকে!
অন্যটা হামা দিয়ে আলমারি চড়ে,
খাট থেকে রাগ ক'রে দুম্‌দাম্ পড়ে!

বাপ্‌রে কি ডানপিটে ছেলে!—
শিলনোড়া খেতে চায় দুধভাত ফেলে!
একটার দাঁত নেই, জিভ দিয়ে ঘ'ষে,
এক মনে মোমবাতি দেশলাই চোষে!
আরজন ঘরময় নীল কালি গুলে,
কপ্ কপ্ মাছি ধ'রে মুখে দেয় তুলে!

বাপ্‌রে কি ডানপিটে ছেলে!—
এখানে হ'ত টম্ চাচা ওই রুটি খেলে!
সন্দেহে শুঁকে বুড়ো মুখে নাহি তোলে,
রেগে তাই দুই ভাই ফোঁস্ ফোঁস্ ফোলে!
নেড়াচুল খাড়া হয়ে রাঙা হয় রাগে,
বাপ্ বাপ্ ব'লে চাচা লাফ দিয়ে ভাগে।

SR

ভুতুরে খেলা

পরশু রাতে পষ্ট চোখে দেখ্‌নু বিনা চশমাতে,
পান্তভূতের জ্যান্ত ছানা করছে খেলা জোছ্‌নাতে।
কচ্ছে খেলা মায়ের কোলে হাত পা নেড়ে উল্লাসে,
আহ্লাদেতে ধুপ্‌ধুপিয়ে কচ্ছে কেমন হল্লা সে।
শুন্‌তে পেলাম ভূতের মায়ের মুচ্‌কি হাসি কট্‌কটে—
দেখছে নেড়ে ঝুন্টি ধ'রে বাচ্চা কেমন চট্‌পটে।
উঠছে তোদের হাসির হানা কাষ্ঠ সুরে ডাক্ ছেড়ে,
খ্যাঁশ্ খ্যাঁশানি শব্দে যেমন করাৎ দিয়ে কাঠ চেরে।
যেমন খুশি মার্‌ছে ঘুঁষি, দিচ্ছে কষে কানমলা,
আদর ক'রে আছাড় মেরে শূন্যে কোলে চ্যাং দোলা।
বল্‌ছে আবার, "আয়রে আমার নোংরামুখো সুঁট্‌কো রে,
দেখ্ না ফিরে প্যাখ্‌না ধরে হুতোম-হাসি মুখ ক'রে!

ওরে আমার বাঁদর নাচন আদর গেলা কোঁৎকা রে,
অন্ধবনের গন্ধ-গোকুল, ওরে আমার হোঁৎকা রে!
ওরে আমার বাদলা রোদে জষ্ঠি মাসের বিষ্টিরে,
ওরে আমার হামান ছেঁচা যষ্টিমধুর মিষ্টিরে।
ওরে আমার রান্না হাঁড়ির কান্না হাসির ফোড়নদার,
ওরে আমার জোছনা হাওয়ার স্বপ্নঘোড়ার চড়নদার
ওরে আমার গোব্‌রাগণেশ ময়দাঠাসা নাদুস্‌রে,
ছিঁচকাঁদুনে ফোক্‌লা মানিক, ফের যদি তুই কাঁদিস্‌রে—"
এই না ব'লে যেই মেরেছে কাদার চাপ্‌টি ফট্ করে,
কোথায় বা কি, ভূতের ফাঁকি—মিলিয়ে গেল চট্ ক'রে!

দাঁড়ে দাঁড়ে দ্রুম

ছুট্‌ছে মোটর ঘটর্ ঘটর্ ছুট্‌ছে গাড়ী জুড়ি;
ছুট্‌ছে লোকে নানান্ ঝোঁকে কর্‌ছে হুড়োহুড়ি;
ছুট্‌ছে কত ক্ষ্যাপার মত পড়্‌ছে কত চাপা—
সাহেব মেমে থম্‌কে থেমে বলছে 'মামা! পাপা!'
—আমরা তবু তবলা ঠুকে গাচ্ছি কেমন তেড়ে,
"দাঁতে দাঁড়ে দ্রুম্! দেড়ে দেড়ে দেড়ে!"

বর্ষাকালের বৃষ্টিবাদল রাস্তা জুড়ে কাদা,
ঠাণ্ডা রাতে সর্দিবাতে মর্‌বি কেন দাদা?
হোক্ না সকাল হোক্ না বিকাল হোক্ না দুপুর বেলা,
থাক্ না তোমার আপিস যাওয়া থাক্ না কাজের ঠেলা—
এই দেখ না চাঁদ্‌নি রাতের গান এনেছি কেড়ে,
"দাঁড়ে দাঁড়ে দ্রুম্! দেড়ে দেড়ে দেড়ে!"

মুখ্যু যারা হচ্ছে সারা পড়্‌ছে ব'সে একা,
কেউ বা দেখ কাঁচুর মাচুর কেউ বা ভ্যাবাচ্যাকা;
কেউ বা ভেবে হদ্দ হল, মুখ্‌টি যেন কালি;
কেউ বা ব'সে বোকার মত মুণ্ডু নাড়ে খালি।
তার চেয়ে ভাই ভাবনা ভুলে গাও না গলা ছেড়ে,
"দাঁড়ে দাঁড়ে দ্রুম! দেড়ে দেড়ে দেড়ে!"

বেজার হয়ে যে যার মত করছ সময় নষ্ট—
হাঁট্‌ছ কত খাট্‌ছ কত পাচ্ছ কত কষ্ট!
আসল কথা বুঝ্‌ছ না যে, করছ না যে চিন্তা,
শুনছ না যে গানের মাঝে তব্‌লা বাজে ধিন্‌তা?
পাল্লা ধ'রে গায়ের জোরে গিট্‌কিরি দাও ঝেড়ে,
"দাঁড়ে দাঁড়ে দ্রুম্‌। দেড়ে দেড়ে দেড়ে!"

রামগরুড়ের ছানা

রামগরুড়ের ছানা   হাসতে তাদের মানা,
হাসির কথা শুনলে বলে,
"হাস্‌ব না-না, না-না!"

সদাই মরে ত্রাসে—   ঐ বুঝি কেউ হাসে!
এক চোখে তাই মিট্‌মিটিয়ে
তাকায় আশে পাশে।

ঘুম নাহি তার চোখে   আপনি ব'কে ব'কে
আপনারে কয়, "হাসিস্‌ যদি
মারব কিন্তু তোকে!"

যায় না বনের কাছে,   কিম্বা গাছে গাছে।
দখিন হাওয়ার সুড়্‌সুড়িয়ে
হাসিয়ে ফেলে পাছে!

সোয়াস্তি নেই মনে—   মেঘের কোণে কোণে
হাসির বাষ্প উঠ্‌ছে ফেঁপে
কান পেতে তাই শোনে!

ঝোপের ধারে ধারে   রাতের অন্ধকারে
জোনাক্‌ জ্বলে আলোর তালে
হাসির ঠারে ঠারে!

হাসতে হাসতে যারা হচ্ছে কেবল সারা
রামগরুড়ের লাগ্‌ছে ব্যথা
বুঝছে না কি তারা ?

রামগরুড়ের বাসা ধমক দিয়ে ঠাসা,
হাসির হাওয়া বন্ধ সেথায়
নিষেধ সেথায় হাসা।

আহ্লাদী

হাসছি মোরা হাসছি দেখ, হাসছি মোরা আহ্লাদী,
তিন জনেতে জট্‌লা ক'রে ফোক্‌লা হাসির পাল্লা দি'।
হাসতে হাসতে আসছে দাদা আসছি আমি আসছে ভাই,
হাসছি কেন কেউ জানে না, পাচ্ছে হাসি হাসছি তাই।
ভাবছি মনে, হাসছি কেন? থাকব হাসি ত্যাগ ক'রে,
ভাবতে গিয়ে ফিকফিকিয়ে ফেল্‌ছি হেসে ফ্যাক্‌ ক'রে।
পাচ্ছে হাসি চাইতে গিয়ে, পাচ্ছে হাসি চোখ বুজে,
পাচ্ছে হাসি চিম্‌টি কেটে নাকের ভিতর নোখ্‌ গুঁজে।
হাসছি দেখে চাঁদের কলা জোলার মাকু জেলের দাঁড়
নৌকা ফানুস পিঁপড়ে মানুষ রেলের গাড়ী তেলের ভাঁড়।
পড়্‌তে গিয়ে ফেলছি হেসে 'ক খ গ' আর শ্লেট দেখে—
উঠ্‌ছে হাসি ভস্‌ভসিয়ে সোডার মতন পেট থেকে।

মাসি গো মাসি, পাচ্ছে হাসি
নিম গাছেতে হচ্ছে শিম্—
হাতীর মাথায় ব্যাঙের ছাতা
কাগের বাসায় বগের ডিম।।

বল্‌ব কি ভাই হুগ্‌লি গেলুম
বল্‌ছি তোমায় চুপি-চুপি—
দেখ্‌তে পেলাম তিনটে শুয়োর
মাথায় তাদের নেইকো টুপি।।

কহ ভাই কহ রে, অ্যাঁকা চোরা শহরে,
বদ্যিরা কেন কেউ আলুভাতে খায় না?
লেখা আছে কাগজে আলু খেলে মগজে,
ঘিলু যায় ভেস্তিয়ে বুদ্ধি গজায় না।

শুনেছ কি ব'লে গেল সীতানাথ বন্দ্যো?
আকাশের গায়ে নাকি টকটক গন্ধ ?
টকটক থাকে নাকো হ'লে পরে বৃষ্টি—
তখন দেখেছি চেটে একেবারে মিষ্টি।

SR

হাত গণনা

ও পাড়ার নন্দ গোঁসাই, আমাদের নন্দ খুড়ো,
স্বভাবেতে সরল সোজা অমায়িক শান্ত বুড়ো।
ছিল না তার অসুখ বিসুখ, ছিল সে যে মনের সুখে,
দেখা যেত সদাই তারে হুঁকোহাতে হাস্যমুখে।
হঠাৎ কি তার খেয়াল হ'ল, চল্‌ল সে তার হাত দেখাতে—
ফিরে এল শুক্‌নো সরু, ঠকাঠক্ কাঁপছে দাঁতে!
শুধালে সে কয় না কথা, আকাশেতে রয় সে চেয়ে,
মাঝে মাঝে শিউরে ওঠে, পড়ে জল চক্ষু, বেয়ে।
শুনে লোকে দৌড়ে এল, ছুটে এলেন বদ্যিমশাই,
সবাই বলে, "কাঁদছ কেন? কি হয়েছে নন্দ গোঁসাই?"
খুড়ো বলে, "বলব্ কি আর, হাতে আমার পষ্ট লেখা
আমার ঘাড়ে আছেন শনি, ফাঁড়ায় ভরা আয়ুর রেখা।
এতদিন যায়নি জানা ফির্‌ছি কত গ্রহের ফেরে—
হঠাৎ আমার প্রাণটা গেলে তখন আমায় রাখ্‌বে কে রে ?
যাট্‌টা বছর পার হয়েছি বাপদাদাদের পুণ্যফলে—
ওরে তোদের নন্দ খুঁড়ো এবার বুঝি পটোল তোলে।
কবে যে কি ঘট্‌বে বিপদ কিছু হায় যায় না বলা"—
এই ব'লে সে উঠ্‌ল কেঁদে ছেড়ে ভীষণ উচ্চ গলা।
দেখে এলাম আজ সকালে গিয়ে ওদের পাড়ার মুখো,
বুড়ো আছে নেই কো হাসি, হাতে তার নেই কো হুঁকো।

গন্ধ বিচার

সিংহাসনে বস্‌ল রাজা বাজ্‌ল কাঁসর ঘন্টা,
ছট্‌ফটিয়ে উঠ্‌ল কেঁপে মন্ত্রীবুড়োর মনটা।
বল্‌লে রাজা, "মন্ত্রী তোমার জামায় কেন গন্ধ?"
মন্ত্রী বলে, "এসেন্স দিছি— গন্ধ ত নয় মন্দ!"
রাজা বলেন,"মন্দ ভালো দেখুনে শুঁকে বদ্যি,"
বদ্যি বলে, "আমার নাকে বেজায় হল সর্দি।"
রাজা হাঁকেন, "বোলাও তবে— রাম নারায়ণ পাত্র।"
পাত্র বলে, "নস্যি নিলাম এক্ষনি এইমাত্র—
নস্যি দিয়ে বন্ধ যে নাক গন্ধ কোথায় ঢুকবে?"
রাজা বলেন, "কোটাল তবে এগিয়ে এস, শুঁক্‌বে।"
কোটাল বলে, "পান খেয়েছি মশলা তাতে কর্পূর,
গন্ধে তারি মুণ্ড আমার এক্কেবারে ভরপুর।"
রাজা বলেন, "আসুক তবে শের পালোয়ান ভীমসিং,"
ভীম বলে, "আজ কচ্ছে আমার সমস্ত গা ঝিম্‌ঝিম্‌।
রাত্রে আমার বোখার হল বল্‌ছি হুজুর ঠিক বাৎ"—
ব'লেই শুল রাজসভাতে চক্ষু বুজে চিৎপাত।
রাজার শালা চন্দ্রকেতু তারেই ধ'রে শেষটা,
বল্‌ল রাজা, "তুমিই না হয় কর না ভাই চেষ্টা।"
চন্দ্র বলেন, "মারতে চাও ত ডাকাও নাকো জল্লাদ,
গন্ধ শুঁকে মর্‌তে হবে এ আবার কি আহ্লাদ?"
ছিল হাজির বৃদ্ধ নাজির বয়সটি তার নব্বই,
ভাব্‌ল মনে "ভয় কেন আর একদিন তো মরবই—"
সাহস ক'রে বল্‌লে বুড়ো, "মিথ্যে সবাই বক্‌ছিস,

শুঁকতে পারি হুকুম পেলে এবং পেলে বক্‌শিস।"
রাজা বলেন, "হাজার টাকা ইনাম পাবে সদ্য,"
তাই না শুনে উৎসাহেতে উঠ্‌ল বুড়ো মদ্দ।
জামার পরে নাক ঠেকিয়ে—শুঁক্‌ল কত গন্ধ,
রইল অটল দেখ্‌ল লোকে বিস্ময়ে বাক্ বন্ধ।
রাজ্যে হল জয় জয়কার বাজ্‌ল কাঁসর ঢক্কা,
বাপ্‌রে কি তেজ বুড়োর হাড়ে পায় না সে যে অক্কা?

কাঁদুনে

ছিঁচ্ কাঁদুনে মিচ্‌কে যারা শস্তা কেঁদে নাম কেনে,
ঘ্যাঙায় শুধু ঘ্যানর্ ঘ্যানর্ ঘ্যান্‌ঘ্যানে আর প্যান্‌প্যানে—
কুঁকিয়ে কাঁদে খিদের সময়, ফুঁপিয়ে কাঁদে ধম্‌কালে,
কিম্বা হঠাৎ লাগলে ব্যথা, কিম্বা ভয়ে চম্‌কালে;
অল্পে হাসে অল্পে কাঁদে কান্না থামায় অল্পেতেই,
মায়ের আদর দুধের বোতল কিম্বা দিদির গল্পেতেই—
তারেই বলি মিথ্যে কাঁদন; আসল কান্না শুন্‌বে কে?
অবাক্ হবে থম্‌কে রবে সেই কাঁদনের গুণ দেখে!
নন্দঘোষের পাশের বাড়ী বুথ্ সাহেবের বাচ্চাটার
কান্না খানা শুনলে বলি কান্না বটে সাচ্চা তার।
কাঁদ্‌বে না সে যখন তখন, রাখ্‌বে কেবল রাগ পুষে,
কাঁদ্‌বে যখন খেয়াল হবে খুন-কাঁদুনে রাক্ষুসে!
নাইক কারণ নাইক বিচার মাঝরাতে কি ভোরবেলা,
হঠাৎ শুনি অর্থবিহীন আকাশ-ফাটন জোর গলা।
হাঁক্‌ড়ে ছোটে কান্না যেমন জোয়ার বেগে নদীর বান,
বাপ মা বসেন হতাশ হয়ে শব্দ শুনে বধির কান।
বাস্‌রে সে কি লোহার গলা? এক মিনিটও শান্তি নেই?
কাঁদন ঝরে শ্রাবণ ধারে, ক্ষান্ত দেবার নামটি নেই!
ঝুম্‌ঝুমি দাও, পতুল নাচাও, মিষ্টি খাওয়াও একশোবার,
বাতাস কর, চাপ্‌ড়ে ধর, ফুটবে নাকো হাস্য তার।
কান্নাভরে উল্টে পড়ে কান্না ঝরে নাক দিয়ে,
গিল্‌তে চাহে দালানবাড়ী হাঁ'খানি তার হাঁক্ দিয়ে।
ভূত-ভাগান শব্দে লোকে ত্রাহি ত্রাহি ডাক্ ছাড়ে—
কান্না শুনে ধন্যি বলি বুথ্ সাহেবের বাচ্চারে।

অবাক কান্ড

শুন্‌ছ দাদা! ঐ যে হোথায় বদ্যি বুড়ো থাকে,
সে নাকি রোজ খাবার সময় হাত দিয়ে ভাত মাখে?
শুন্‌ছি নাকি খিদেও পায় সারাদিন না খেলে?
চক্ষু নাকি আপনি বোজে ঘুমটি তেমন পেলে?
চল্‌তে গেলে ঠ্যাং নাকি তার ভুঁয়ের পরে ঠেকে?
কান দিয়ে সব শোনে নাকি? চোখ দিয়ে সব দেখে ?
শোয় নাকি সে মুণ্ডুটাকে শিয়র পানে দিয়ে?
হয় না কি হয় সত্যি মিথ্যা চল্‌ না দেখি গিয়ে!

হুলোর গান

বিদ্‌ঘুটে রাত্তিরে ঘুট্‌ঘুটে ফাঁকা,
গাছপালা মিশ্‌মিশে মখ্‌মলে ঢাকা।
জট্‌বাঁধা ঝুল্ কালো বটগাছতলে,
ধক্‌ধক্ জোনাকির চক্‌মকি জ্বলে,
চুপ্‌চাপ্ চারিদিকে ঝোপঝাড়গুলো—
আয় ভাই গান গাই আয় ভাই হুলো।
গীত গাই কানে কানে চীৎকার ক'রে,
কোন্ গানে মন ভেজে শোন্ বলি তোরে—
পুবদিকে মাঝ রাতে ছোপ্ দিয়ে রাঙা
রাতকানা চাঁদ ওঠে আধখানা ভাঙা।
চট্ ক'রে মনে পড়ে মট্‌কার কাছে
মালপোয়া আধখানা কাল থেকে আছে।
দুড়্ দুড়্ ছুটে যাই দূর থেকে দেখি
প্রাণপণে ঠোঁট চাটে কানকাটা নেকী!
গালফোলা মুখে তার মালপোয়া ঠাসা
ধুক্ ক'রে নিভে গেল বুকভরা আশা,
মন বলে আর কেন সংসারে থাকি।
বিল্‌কুল্ সব দেখি ভেল্‌কির ফাঁকি।
সব যেন বিচ্ছিরি সব যেন খালি,
গিন্নীর মুখে যেন চিম্‌নির কালি।
মন-ভাঙা দুখ্ মোর কণ্ঠেতে পুরে
গান গাই আয় ভাই প্রাণফাটা সুরে।

S. ROY

ভয় পেয়ো না

ভয় পেয়ো না, ভয় পেয়ো না, তোমায় আমি মার্‌ব না—
সত্যি বল্‌ছি কুস্তি ক'রে তোমার সঙ্গে পার্‌ব না।
মন্‌টা আমার বড্ড নরম, হাড়ে আমার রাগ্‌টি নেই,
তোমায় আমি চিবিয়ে খাব এমন আমার সাধ্যি নেই!
মাথায় আমার শিং দেখে ভাই ভয় পেয়েছ কতই না—
জানো না মোর মাথার ব্যারাম, কাউকে আমি গুঁতোই না?

এস এস গর্তে এস, বাস ক'রে যাও চারটি দিন,
আদর ক'রে শিকেয় তুলে রাখ্‌ব তোমায় রাত্রি দিন।
হাতে আমার মুগুর আছে তাই কি হেথায় থাক্‌বে না?
মুগুর আমার হাল্‌কা এমন মারলে তোমায় লাগ্‌বে না।
অভয় দিচ্ছি, শুন্‌ছ না যে? ধরব নাকি ঠ্যাং দুটা?
বস্‌লে তোমার মুণ্ডু চেপে বুঝবে তখন কাণ্ডটা!

আমি আছি, গিন্নী আছেন, আছেন আমার নয় ছেলে—
সবাই মিলে কাম্‌ড়ে দেব মিথ্যে অমন ভয় পেলে।

নোট্ বই

এই দেখ পেন্‌সিল, নোট্‌বুক এ হাতে,
এই দেখ ভরা সব কিল্‌বিল লেখাতে।
ভালো কথা শুনি যেই চট্ পট্, লিখি তায়—
ফড়িঙের ক'টা ঠ্যাং, আরশুলা কি কি খায়;
আঙুলেতে আঠা দিলে কেন লাগে চট্‌চট্,
কাতুকুতু দিলে গরু কেন করে ছট্‌ফট্।
দেখে শিখে প'ড়ে শুনে ব'সে মাথা ঘামিয়ে
নিজে নিজে আগাগোড়া লিখে গেছি আমি এ।
কান করে কট্ কট্ ফোড়া করে টন্ টন্—
ওরে রামা ছুটে আয়, নিয়ে আয় লণ্ঠন।
কাল থেকে মনে মোর লেগে আছে খট্‌কা
ঝোলাগুড় কিসে দেয়? সাবান না পট্‌কা ?
এই বেলা প্রশ্নটা লিখে রাখি গুছিয়ে
জবাবটা জেনে নেব মেজদাকে খুঁচিয়ে।
পেট কেন কাম্‌ড়ায়, বল দেখি পার কে?
বল দেখি ঝাঁজ কেন জোয়ানের আরকে ?
তেজপাতে তেজ কেন? ঝাল কেন লঙ্কায় ?
নাক কেন ডাকে আর পিলে কেন চমকায়?
কার নাম দুন্দুভি? কাকে বলে অরণি?
বল্‌বে কি, তোমরাও নোট্‌বই পড়নি!

গল্প বলা

"এক যে রাজা"—"থাম্ না দাদা,
রাজা নয় সে, রাজ পেয়াদা।"
"তার যে মাতুল"—"মাতুল কি সে ?
সবাই জানে সে তার পিসে।"
"তার ছিল এক ছাগল ছানা"—
"ছাগলের কি গজায় ডানা?"
"একদিন তার ছাতের 'পরে"—
"ছাত কোথা হে টিনের ঘরে?"
"বাগানের এক উড়ে মালী"—
"মালী নয়ত? মেহের আলি—"
"মনের সাথে গাইছে বেহাগ"—
"বেহাগ তো নয়? বসন্ত রাগ।"

"থোও না বাপু ঘ্যাঁচা ঘেঁচি"—
"আচ্ছা বল চুপ্ করেছি।"
"এমন সময় বিছ্না ছেড়ে,
হঠাৎ মামা আস্‌ল তেড়ে,
ধর্‌ল সে তার ঝুঁটির গোড়া—"
"কোথায় ঝুঁটি? টাক যে ভরা।"
"হোক না টেকো তোর তাতে কি?
লক্ষ্মীছাড়া মুখ্যু ঢেঁকি!
ধর্‌ব ঠেসে টুঁটির 'পরে,
পিট্‌ব তোমার মুণ্ড ধরে—
কথার উপর কেবল কথা,
এখন বাপু পালাও কোথা?"

ট্যাঁশ্ গরু

ট্যাঁশ্ গরু গরু নয়, আসলেতে পাখি সে;
যার খুশি দেখে এস হারুদের আফিসে।
চোখ দুটি ঢুলু ঢুলু, মুখখানা মস্ত,
ফিট্‌ফাট্ কালোচুলে টেরিকাটা চোস্ত।
তিন-বাঁকা শিং তার, ল্যাজখানি প্যাঁচান—
একটুকু ছোঁও যদি, বাপ্‌রে কি চ্যাঁচান!
লট্‌খটে হাড়গোড় খট্‌খট্ ন'ড়ে যায়,
ধম্‌কালে ল্যাগ্‌ব্যাগ্ চমকিয়ে প'ড়ে যায়।
বর্ণিতে রূপ গুণ সাধ্য কি কবিতার,
চেহারার কি বাহার—ঐ দেখ ছবি তার।
ট্যাঁশ্ গরু খাবি খায় ঠ্যাস্ দিয়ে দেয়ালে,
মাঝে মাঝে কেঁদে ফেলে না জানি কি খেয়ালে;
মাঝে মাঝে তেড়ে ওঠে, মাঝে মাঝে রেগে যায়,
মাঝে মাঝে কুপোকাৎ দাঁতে দাঁত লেগে যায়।
খায় না সে দানাপানি—ঘাস পাতা বিচালি
খায় না সে ছোলা ছাতু ময়দা কি পিঠালি;
রুচি নাই আমিষেতে, রুচি নাই পায়সে,
সাবানের সুপ আর মোমবাতি খায় সে।
আর কিছু খেলে তার কাশি ওঠে খক্‌খক্,
সারা গায়ে ঘিন্‌ঘিন্ ঠ্যাং কাঁপে ঠক্‌ঠক্।
একদিন খেয়েছিল ন্যাক্‌ড়ার ফালি সে—
তিন মাস আধমরা শুয়েছিল বালিশে।
কারো যদি শখ্ থাকে ট্যাঁশ্ গরু কিন্‌তে,
সস্তায় দিতে পারি, দেখ ভেবে চিন্তে।

ফস্‌কে গেল!

দেখ্ বাবাজি দেখ্‌বি নাকি দেখ্‌রে খেলা দেখ্ চালাকি,
ভোজের বাজি ভেল্কি ফাঁকি পড়্ পড়্ পড়্‌বি পাখি—ধপ্!

লাফ দিয়ে তাই তালটি ঠুকে তাক ক'রে যাই তীর ধনুকে,
ছাড়্‌ব সটান্ ঊর্ধ্বমুখে হুশ্ ক'রে তোর লাগ্‌বে বুকে—খপ্!

গুড়্ গুড়্ গুড়্ গুড়িয়ে হামা খাপ্ পেতেছেন গোষ্ঠ মামা
এগিয়ে আছেন বাগিয়ে ধামা এইবার বাণ চিড়িয়া নামা—চট্!

ঐ যা! গেল ফস্কে ফেঁসে—হেঁই মামা তুই ক্ষেপ্‌লি শেষে ?
ঘ্যাঁচ্ ক'রে তোর পাঁজর ঘেঁষে লাগ্‌ল কি বাণ ছট্‌কে এসে—ফট্ ?

S.Ray.

পালোয়ান

খেলার ছলে যষ্ঠিচরণ হাতী লোফেন যখন তখন,
দেহের ওজন উনিশটি মণ, শক্ত যেন লোহার গঠন।
একদিন এক গুন্ডা তাকে বাঁশ বাগিয়ে মার্‌ল বেগে—
ভাঙল সে বাঁশ শোলার মত মট্ ক'রে তার কনুই লেগে।
এইত সেদিন রাস্তা দিয়ে চল্‌তে গিয়ে দৈব বশে,
উপর থেকে প্রকাণ্ড ইট পড়্‌ল তাহার মাথায় খ'সে।
মুণ্ডুতে তার যেম্‌নি ঠেকা অম্‌নি সে ইঁট্ এক নিমেষে
গুঁড়িয়ে হ'ল ধুলোর মত, যষ্ঠি চলেন মুচ্‌কি হেসে।
যষ্ঠি যখন ধমক হাঁকে কাঁপ্‌তে থাকে দালান বাড়ী,
ফুঁয়ের জোরে পথের মোড়ে উল্টে পড়ে গরুর গাড়ী।
ধুম্‌সো কাঠের তক্তা ছেঁড়ে মোচড় মেরে মুহূর্তেকে,
একশো জালা জল ঢালে রোজ স্নানের সময় পুকুর থেকে।
সকাল বেলার জলপানি তার তিনটি ধামা পেস্তা মেওয়া,
সঙ্গেতে তার চৌদ্দ হাঁড়ি দৈ কি মালাই মুড়্‌কি দেওয়া।
দুপুর হ'লে খাবার আসে কাতার দিয়ে ডেক্‌চি ভ'রে,
বরফ দেওয়া উনিশ কুঁজো সরবতে তার তৃষ্ণা হরে।
বিকাল বেলা খায় না কিছু, গণ্ডা দশেক মণ্ডা ছাড়া,
সন্ধ্যা হ'লে লাগায় তেড়ে দিস্তা দিস্তা লুচির তাড়া।
রাত্রে সে তার হাত পা টেপায় দশটি চেলা মজুত থাকে,
দুম্‌দুমাদুম্ সবাই মিলে মুগুর দিয়ে পেটায় তাকে।
বল্‌লে বেশি ভাব্‌বে শেষে এসব কথা ফেনিয়ে বলা—
দেখবে যদি আপন চোখে যাওনা কেন বেনিয়াটোলা।

আবোল তাবোল

মেঘ মুলুকে ঝাপ্‌সা রাতে,
রামধনুকের আব্‌ছায়াতে,
তাল বেতালে খেয়াল সরে,
তান ধরেছি কণ্ঠ পুরে।
হেথায় নিষেধ নাইরে দাদা,
নাইরে বাঁধন নাইরে বাধা।
হেথায় রঙিন্ আকাশতলে
স্বপন দোলা হাওয়ায় দোলে,
সুরের নেশায় ঝরনা ছোটে,
আকাশ কুসুম আপ্‌নি ফোটে,
রঙিয়ে আকাশ, রঙিয়ে মন
চমক জাগে ক্ষণে ক্ষণ।

আজকে দাদা যাবার আগে
বল্‌ব যা মোর চিত্তে লাগে—
নাই বা তাহার অর্থ হোক্
নাইবা বুঝুক বেবাক্ লোক।
আপনাকে আজ আপন হতে
ভাসিয়ে দিলাম খেয়াল স্রোতে।
ছুট্‌লে কথা থামায় কে?
আজকে ঠেকায় আমায় কে?
আজকে আমার মনের মাঝে
এই ধপাধপ্ তবলা বাজে—

রাম-খটাখট্ ঘ্যাচাং ঘ্যাঁচ্
কথায় কাটে কথার প্যাঁচ্।
আলোয় ঢাকা অন্ধকার,
ঘণ্টা বাজে গন্ধে তার।
গোপন প্রাণে স্বপন দূত,
মঞ্চে নাচেন পঞ্চ ভূত!
হ্যাংলা হাতী চ্যাং-দোলা,
শূন্যে তাদের ঠ্যাং তোলা।
মক্ষিরানী পক্ষিরাজ—
দস্যি ছেলে লক্ষ্মী আজ।
আদিম কালের চাঁদিম হিম
তোড়ায় বাঁধা ঘোড়ার ডিম
ঘনিয়ে এল ঘুমের ঘোর,
গানের পালা সাঙ্গ মোর।

শোন শোন গল্প শোন, 'এক যে ছিল গুরু,'
এই আমার গল্প হল শুরু।
যদু আর বংশীধর যমজ ভাই তারা,
এই আমার গল্প হল সারা।

খাই খাই

এসব কথা শুন্‌লে তোদের লাগবে মনে ধাঁধা,
কেউ বা বুঝে পুরোপুরি কেউ বা বুঝে আধা।

কারে বা কই কিসের কথা, কই যে দফে দফে,
গাছের 'পরে কাঁঠাল দেখে তেল মেখ না গোঁফে।

একটি একটি কথায় যেন সদ্য দাগে কামান,
মন বসনের ময়লা ধুতে তত্ত্বকথাই সাবান।

বেশ বলেছ, ঢের বলেছ, ঐখেনে দাও দাঁড়ি
হাটের মাঝে ভাঙ্‌বে কেন বিদ্যে বোঝাই হাঁড়ি!

খাই খাই

খাইখাই কর কেন, এস বস আহারে—
খাওয়ার আজব খাওয়া, ভোজ কয় যাহারে।
যত কিছু খাওয়া লেখে বাঙালির ভাষাতে,
জড় করে আনি সব,— থাক সেই আশাতে।
ডাল ভাত তরকারি ফলমূল শস্য,
আমিষ ও নিরামিষ, চর্ব্য ও চোষ্য,
রুটি লুচি, ভাজাভুজি, টক ঝাল মিষ্টি,
ময়রা ও পাচকের যত কিছু সৃষ্টি,
আর যাহা খায় লোকে স্বদেশে ও বিদেশে—
খুঁজে পেতে আনি খেতে— নয় বড় সিধে সে!
জল খায়, দুধ খায়, খায় যত পানীয়,
জ্যাঠাছেলে বিড়ি খায়, কান ধরে টানিও।
ফল বিনা চিঁড়ে দৈ, ফলাহার হয় তা,
জলযোগে জল খাওয়া শুধু জল নয় তা।
ব্যাঙ খায় ফরাসিরা (খেতে নয় মন্দ),
বার্মার 'ঙাপ্পি'তে বাপ্‌রে কি গন্ধ!
মান্দ্রাজী ঝাল খেলে জ্বলে যায় কণ্ঠ,
জাপানেতে খায় নাকি ফড়িঙের ঘন্ট!
আরশুলা মুখে দিয়ে সুখে খায় চীনারা,
কত কি যে খায় লোকে নাহি তার কিনারা।
দেখে শুনে চেখে খাও, যেটা চায় রসনা ;
তা না হলে কলা খাও—চটো কেন? বস না—
সবে হল খাওয়া শুরু, শোন শোন আরো খায়—

সুদ খায় মহাজনে, ঘুষ খায় দারোগায়।
বাবু যান হাওয়া খেতে চড়ে জুড়ি-গাড়িতে,
খাসা দেখ 'খাপ্ খায়' চাপ্‌কানে দাড়িতে।
তেলে জলে 'মিশ খায়', শুনেছ তা কেও কি?
যুদ্ধে যে গুলি খায় গুলিখোর সেও কি?
ডিঙি চড়ে স্রোতে প'ড়ে পাক খায় জেলেরা,
ভয় পেয়ে খাবি খায় পাঠশালে ছেলেরা;
বেত খেয়ে কাঁদে কেউ, কেউ শুধু গালি খায়,
কেউ খায় থতমত—তাও লিখি তালিকায়।
ভিখারিটা তাড়া খায়, ভিখ্ নাহি পায়রে—
'দিন আনে দিন খায়' কত লোকে হায়রে।
হোঁচটের চোট্ খেয়ে খোকা ধরে কান্না
মা বলেন চুমু খেয়ে, 'সেরে গেছে, আর না।'
ধমক বকুনি খেয়ে নয় যারা বাধ্য
কিলচড় লাথি ঘুঁষি হয় তার খাদ্য।
জুতো খায় গুঁতো খায়, চাবুক যে খায়রে,
তবু যদি নুন খায় সেও গুণ গায়রে।
গরমে বাতাস খাই, শীতে খাই হিম্‌সিম্,
পিছ্‌লে আছাড় খেয়ে মাথা করে ঝিম্‌ঝিম্।
কত যে মোচড় খায় বেহালার কানটা,
কানমলা খেলে তবে খোলে তার গানটা।
টোল খায় ঘটি বাটি, দোল খায় খোকারা,
ঘাব্‌ড়িয়ে ঘোল খায় পদে পদে বোকারা।
আকাশেতে কাৎ হ'য়ে গোঁৎ খায় ঘুড়িটা,
পালোয়ান খায় দেখ ডিগ্‌বাজি কুড়িটা।
ফুটবলে ঠেলা খাই, ভিড়ে খাই ধাক্কা,
কাশীতে প্রসাদ খেয়ে সাধু হই পাক্কা!
কথা শোন, মাথা খাও রোদ্দুরে যেয়ো না—
আর যাহা খাও বাপু বিষমটি খেও না।
'ফেল্' ক'রে মুখে খেয়ে কেঁদেছিলে সেবারে,

আদা-নুন খেয়ে লাগো পাশ কর এবারে।
ভ্যাবাচ্যাকা খেও নাকো, যেয়ো নাকো ভড়্‌কে,
খাওয়াদাওয়া শেষ হলে বসে খাও খড়্‌কে।
এত খেয়ে তবু যদি নাহি ওঠে মনটা—
খাও তবে কচু পোড়া, খাও তবে ঘণ্টা।

দাঁড়ের কবিতা

চুপ কর্, শোন্ শোন্, বেয়াকুল হোস্‌নে
ঠেকে গেছি বাপ্‌রে কি ভয়ানক প্রশ্নে!
ভেবে ভেবে লিখে লিখে বসে বসে দাঁড়েতে
ঝিম্‌ঝিম্ টন্‌টন্ ব্যথা করে হাড়েতে।
এক ছিল দাঁড়ি মাঝি—দাড়ি তার মস্ত,
দাড়ি দিয়ে দাঁড়ি তার দাঁড়ে খালি ঘষ্‌ত।
সেই দাঁড়ে একদিন দাঁড়কাক দাঁড়াল,
কাঁকড়ার দাঁড়া দিয়ে দাঁড়ি তারে তাড়াল।
কাক বলে রেগেমেগে, "বাড়াবাড়ি ঐ ত!
না দাঁড়াই দাঁড়ে তবু দাঁড়কাক হই ত?
ভারি তোর দাঁড়িগিরি, শোন্ বলি তবে রে—
দাঁড় বিনা তুই ব্যাটা দাঁড়ি হোস্ কবে রে?
পাখা হলে 'পাখি' হয় ব্যাকরণ বিশেষে—
কাঁকড়ার 'দাঁড়া' আছে, দাঁড়ি নয় কিসে সে?
দ্বারে বসে দারোয়ান, তারে যদি 'দ্বারী' কয়,
দাঁড়ে-বসা যত পাখি সব তবে দাঁড়ি হয়!
দূর দূর! ছাই দাঁড়ি! দাড়ি নিয়ে পাড়ি দে!"
দাঁড়ি বলে, "বাস্ বাস্! ঐখেনে দাঁড়ি দে।"

পাকাপাকি

আম পাকে বৈশাখে কুল পাকে ফাগুনে,
কাঁচা ইঁট পাকা হয় পোড়ালে তা আগুনে।
রোদে জলে টিকে রঙ, পাকা কই তাহারে;
ফলারটি পাকা হয় লুচি দই আহারে।
হাত পাকে লিখে লিখে, চুল পাকে বয়সে,
জ্যাঠামিতে পাকা ছেলে বেশি কথা কয় সে।
লোকে কয় কাঁঠাল সে পাকে নাকি কিলিয়ে?
বুদ্ধি পাকিয়ে তোলে লেখাপড়া গিলিয়ে!
কান পাকে ফোড়া পাকে, পেকে করে টন্‌টন্‌—
কথা যার পাকা নয়, কাজে তার ঠন্‌ঠন্‌।
রাঁধুনী বসিয়া পাকে পাক দেয় হাঁড়িতে,
সজোরে পাকালে চোখ ছেলে কাঁদে বাড়িতে।
পাকায়ে পাকায়ে দড়ি টান হয়ে থাকে সে।
দুহাতে পাকালে গোঁফ তবু নাহি পাকে সে।।

পড়ার হিসাব

ফির্‌ল সবাই ইস্কুলেতে সাঙ্গ হল ছুটি—
আবার চলে বই-বগলে সবাই গুটি গুটি।
পড়ার পরে কার কি রকম মনটি ছিল এবার,
সময় এল এখন তারই হিসেবখানা দেবার।
কেউ পড়েছেন পড়ার পুঁথি, কেউ পড়েছেন গল্প,
কেউ পড়েছেন হদ্দমতন, কেউ পড়েছেন অল্প।
কেউ বা তেড়ে গড়গড়িয়ে মুখস্থ কয় ঝাড়া,
কেউ বা কেবল কাঁচুমাঁচু মোটে না দেয় সাড়া।
গুরুমশাই এসেই ক্লাশে বলেন, "ওরে গদাই
এবার কিছু পড়্‌লি? নাকি খেল্‌তি কেবল সদাই ?"
গদাই ভয়ে ঢোক পাকিয়ে ঘাবড়ে গিয়ে শেষে
বললে, "এবার পড়ার ঠেলা বেজায় সর্বনেশে—
মামার বাড়ি যেম্নি যাওয়া অম্নি গাছে চড়া,
এক্কেবারে অম্নি ধপাস পড়ার মত পড়া।"

পরিবেষণ

‘পরি’পূর্বক ‘বিষ’ধাতু তাহে ‘অনট্’ ব’সে
তবে ঘটায় পরিবেষণ, লেখে অমরকোষে।
—অর্থাৎ ভোজের ভাণ্ড হাতে লয়ে মেলা।
ডেলা ডেলা ভাগ করি পাতে পাতে ফেলা।
এই দিকে এস তবে লয়ে ভোজভাণ্ড
সমুখে চাহিয়া দেখ কি ভীষণ কাণ্ড।
কেহ কহে “দৈ আন” কেহ হাঁকে “লুচি”
কেহ কাঁদে শূন্যে মুখে পাতখানি মুছি।
হোথা দেখি দুই প্রভু পাত্র লয়ে হাতে
হাতাহাতি গুঁতাগুঁতি দ্বন্দ্বরণে মাতে।
কেবা শোনে কার কথা সকলেই কর্তা—
অনাহারে কতধারে হল প্রাণ হত্যা।
কোন প্রভু হস্তিদেহ ভুঁড়িখানা ভারি
ঊর্ধ্ব হতে থপ্ করি খাদ্য দেন্ ছাড়ি।
কোন চাচা অন্ধপ্রায় (‘মাইনাস কুড়ি’)
ছড়ায় ছোলার ডাল পথঘাট জুড়ি।
মাতব্বর বৃদ্ধ যায় মুদি চক্ষু দুটি,
“কারো কিছু চাই” বলি তড়বড় ছুটি—
সহসা ডালের পাঁকে পদার্পণ মাত্রে
হুড়মুড় পড়ে কার নিরামিষ পাত্রে।
বীরোচিত ধীর পদে এস দেখি ত্রস্তে—
ওই দিকে খালি পাত, চল হাঁড়ি হস্তে।
তবে দেখ, খাদ্য দিতে অতিথির থালে

দৈবাৎ না ঢোকে কভু যেন নিজ গালে।
ছুটোনাকো ওরকম মিছে খালি হাতে
দিও না মাছের মুড়া নিরামিষ পাতে।
অযথা আক্রোশে কিবা অন্যায় আদরে
ঢেলো না অম্বল কারো নূতন চাদরে।
বোকাবৎ দন্তপাটি করিয়া বাহির
করোনাকো অকারণে কৃতিত্ব জাহির।

বিষম চিন্তা

মাথায় কত প্রশ্ন আসে, দিচ্ছে না কেউ জবাব তার—
সবাই বলে, "মিথ্যে বাজে বকিস্‌নে আর খবরদার!"
অমন ধারা ধমক দিলে কেমন করে শিখব সব?
বললে সবাই "মুখ্যু ছেলে", বলবে আমায় "গো গর্দভ!"
কেউ কি জানে দিনের বেলায় কোথায় পালায় ঘুমের ঘোর?
বর্ষা হলেই ব্যাঙের গলায় কোত্থেকে হয় এমন জোর?
গাধার কেন শিং থাকে না, হাতির কেন পালক নেই?
গরম তেলে ফোড়ন দিলে লাফায় কেন তাধেই ধেই ?
সোডার বোতল খুললে কেন ফঁসফঁসিয়ে রাগ করে?
কেমন করে রাখবে টিকি মাথায় যাদের টাক পড়ে?
ভূত যদি না থাকবে তবে কোত্থেকে হয় ভূতের ভয়?
মাথায় যাদের গোল বেধেছে তাদের কেন "পাগোল" কয় ?
কতই ভাবি এসব কথা, জবাব দেবার মানুষ কই ?
বয়স হলে কেতাব খুলে জানতে পাব সমস্তই।

আড়ি

কিসে কিসে ভাব নেই? ভক্ষক ও ভক্ষ্যে—
বাঘে ছাগে মিল হলে আর নেই রক্ষে।

শেয়ালের সাড়া পেলে কুকুরেরা তৈরি,
সাপে আর নেউলে ত চিরকাল বৈরী!

আদা আর কাঁচকলা মেলে কোনোদিন্ সে?
কোকিলের ডাক শুনে কাক জ্বলে হিংসেয়।

তেলে দেওয়া বেগুনের ঝগড়াটা দেখনি?
ছ্যাঁক্ ছ্যাঁক্ রাগ যেন খেতে আসে এখনি।

তার চেয়ে বেশি আড়ি আমি পারি কহিতে—
তোমাদের কারো কারো, কেতাবের সহিতে।

অবুঝ

চুপ করে থাক্, তর্ক করার বদভ্যাসটি ভাল না,
একেবারেই হয় না ওতে বুদ্ধিশক্তির চালনা।
দেখ্ ত দেখি আজও আমার মনের তেজটি নেভেনি—
এইবার শোন্ বল্‌ছি এখন—কি বলছিলেম ভেবেনি!
বলছিলাম কি, আমি একটা বই লিখেছি কবিতার
উঁচু রকম পদ্যে লেখা আগা গোড়াই সবি তার।
তাইতে আছে “দশমুখে চায়, হজম করে দশোদর,
শ্মশানঘাটে শষ্পানি খায় শশব্যস্ত শশধর।”
এই কথাটার অর্থ যে কি, ভাবছে না কেউ মোটেও—
বুঝ্‌ছে না কেউ লাভ হবে কি, অর্থ যদি জোটেও।
এরই মধ্যে হাই তুলিস্ যে? পুঁতে ফেল্‌ব এখনি,
ঘুঘু দেখেই নাচ্‌তে শুরু, ফাঁদ ত বাবা দেখনি!
কি বললি তুই? সাতান্নবার শুনেছিস্ ঐ কথাটা?
এমন মিথ্যে কইতে পারিস্ লক্ষ্মীছাড়া বখাটা!
আমার সঙ্গে পাল্লা দিয়ে সাধ্যি নেই কো পেরোবার
হিসেব দেব, বলেছি এই চোদ্দবার কি তেরোবার।
সাতান্ন তুই গুনতে পারিস্? মিথ্যেবাদী! গুনে যা—
ও শ্যামাদাস! পালাস্ কেন? রাগ করিনি, শুনে যা।

নাচের বাতিক

বয়স হল অষ্টআশি, চিম্‌সে গায়ে ঠুন্‌কো হাড়,
নাচ্‌ছে বুড়ো উল্টোমাথায়— ভাঙ্‌লে বুঝি মুণ্ডু ঘাড়!
হেঁইয়ো ব'লে হাত পা ছেড়ে পড়ছে তেড়ে চিৎপটাং,
উঠ্‌ছে আবার ঝট্‌পটিয়ে এক্কেবারে পিঠ সটান্।
বুঝিয়ে বলি, "বৃদ্ধ তুমি এই বয়েসে কর্‌ছ কি?
খাও না খানিক মশ্‌লা গুলে হুঁকোর জল আর হর্‌তকী।
ঠাণ্ডা হবে মাথার আগুন, শান্ত হবে ছট্‌ফটি—"
বৃদ্ধ বলে, "থাম্ না বাপু, সব তাতে তোর পট্‌পটি!
ঢের খেয়েছি মশ্‌লা পাঁচন, ঢের মেখেছি চর্বি তেল;
তুই ভেবেছিস আমায় এখন চাল্ মেরে তুই করবি ফেল?"
এই না ব'লে ডাইনে বাঁয়ে লম্ফ দিয়ে হুশ্ ক'রে
হঠাৎ খেয়ে উল্টোবাজি ফেল্‌লে আমায় 'পুশ্' ক'রে।

"নাচ্‌লে অমন উল্টো রকম," আবার বলি বুঝিয়ে তায়,
"রক্তগুলো হড়্‌হুড়িয়ে মগজ পানে উজিয়ে যায়।"
বললে বুড়ো, "কিন্তু বাবা, আসল কথা সহজ এই—
ঢের দেখেছি পরখ্ করে, কোথাও আমার মগজ নেই।
তাইতে আমার হয় না কিছু— মাথায় যে সব ফক্কিফাঁক—
যতটা নাচি উল্টো নাচন, যতই না খাই চর্কিপাক।"
বলতে গেলাম "তাও কি হয়"—অম্নি হঠাৎ ঠ্যাং নেড়ে
আবার বুড়ো হুড়্‌মুড়িয়ে ফেললে আমায় ল্যাং মেরে।

ভাবছি সবে মারব ঘুঁষি এবার বুড়োর রগ্ ঘেঁষে,
বললে বুড়ো, “করব কি বল্ ? করায় এ সব অভ্যেসে।
ছিলাম যখন রেল-দারোগা চড়্তে হত ট্রেইনেতে
চলতে গিয়ে ট্রেনগুলো সব পড়ত প্রায়ই ড্রেইনেতে।
তুব্ড়ে যেত রেলের গাড়ি লাগত গুঁতো চাক্কাতে,
ছিট্‌কে যেতাম যখন তখন হঠাৎ এক এক ধাক্কাতে।
নিত্যি ঘুমোই এক চোখে তাই, নড়লে গাড়ি—অম্নি ‘বাপ’—
এম্—নি ক’রে ডিগ্‌বাজিতে এক্কেবারে শূন্যে লাফ।
তাইতে হল নাচের নেশা, হঠাৎ হঠাৎ নাচন পায়,
বসতে শুতে আপনি ভুলে ডিগ্‌বাজি খাই আচম্‌কায়!
নাচতে গিয়ে দৈবে যদি ঠ্যাং লাগে তোর পাঁজ্‌রাতে,
তাই ব’লে কি চটতে হবে? কিম্বা রাগে গজ্‌রাতে ?”
আমিও বলি, “ঘাট হয়েছে, তোমার খুরে ডণ্ডবৎ!
লাফাও তুমি যেমন খুশি, আমরা দেখি অন্য পথ।”

অসম্ভব নয়!

এক যে ছিল সাহেব, তাহার
গুণের মধ্যে নাকের বাহার।
তার যে গাধা বাহন, সেটা
যেমন পেটুক তেমনি ঢ্যাঁটা।
ডাইনে বল্‌লে যায় সে বামে
তিনপা যেতে দুবার থামে।
চল্‌তে চল্‌তে থেকে থেকে
খানায় খন্দে পড়ে বেঁকে।
ব্যাপার দেখে এম্নিতরো
সাহেব বললে "সবুর করো—
মাম্‌দোবাজি আমার কাছে?
এ রোগেরও ওষুধ আছে।"

এই না ব'লে ভীষণ ক্ষেপে
গাধার পিঠে বস্‌ল চেপে
মুলোর ঝুঁটি ঝুলিয়ে নাকে।
—আর কি গাধা ঝিমিয়ে থাকে ?
মুলোর গন্ধে টগবগিয়ে
দৌড়ে চলে লম্ফ দিয়ে—
যতই ছোটে 'ধরব' ব'লে
ততই মুলো এগিয়ে চলে!
খাবার লোভে উদাস প্রাণে
কেবল ছোটে মুলোর টানে—
ডাইনে বাঁয়ে মুলোর তালে
ফেরেন গাধা নাকের চালে।

কাজের লোক

প্রথম। বাঃ—আমার নাম 'বাঃ'!
বসে থাকি তোফা তুলে পায়ের উপর পা!
লেখাপড়ার ধার ধারিনে, বছর ভরে ছুটি,
হেসে খেলে আরাম ক'রে দুশো মজা লুটি।
কারে কবে কেয়ার করি, কিসের করি ডর?
কাজের নামে কম্প দিয়ে গায়ে আসে জ্বর।
গাধার মতন খাটিস্ তোরা মুখটা করে চুন—
আহাম্মুকি কাণ্ড দেখে হেসেই আমি খুন।

সকলে। আস্ত একটি গাধা তুমি স্পষ্ট গেল দেখা,
হাস্ছ যত, কান্না তত কপালেতে লেখা।

দ্বিতীয়। 'যদি' বলে ডাকে আমায় নামটি আমার 'যদি'—
আশায় আশায় বসে থাকি হেলান দিয়ে গদি।
সব কাজেতে থাকত যদি খেলার মত মজা,
লেখাপড়া হত যদি জলের মত সোজা—
স্যান্ডো সমান ষণ্ডা হতাম যদি গায়ের জোরে,
প্রশংসাতে আকাশ পাতাল যদি যেত ভরে—
উঠে পড়ে লেগে যেতাম বাজে তর্ক ফেলে।
করতে পারি সবি—যদি সহজ উপায় মেলে।

সকলে। হাতের কাছে সুযোগ, তবু 'যদি'র আশায় বসে
নিজের মাথা খাচ্ছ বাপু নিজের বুদ্ধি দোষে।

তৃতীয়। আমার নাম 'বটে'! আমি সদাই আছি চটে—
কট্‌মটিয়ে তাকাই যখন, সবাই পালায় ছুটে।
চশমা পরে বিচার ক'রে, চিরে দেখাই চুল—
উঠ্‌তে বস্‌তে কচ্ছে সবাই হাজার গণ্ডা ভুল।
আমার চোখে ধুলো দেবে সাধ্যি আছে কার?
ধমক শুনে ভূতের বাবা হ'চ্ছে পগার পার!
হাসছ? বটে! ভাবছ বুঝি মস্ত তুমি লোক,
একটি আমার ভেংচি খেলে উল্টে যাবে চোখ।

সকলে। দিচ্ছ গালি লোকের তাতে কিবা এল গেল ?
আকাশেতে থুতু ছুঁড়ে—নিজের গায়েই ফেল।

চতুর্থ। আমার নাম 'কিন্তু', আমায় 'কিন্তু' বলে ডাকে,
সকল কাজে একটা কিছু গলদ লেগে থাকে।
দশটা কাজে লাগি কিন্তু আটটা করি মাটি,
ষোল আনা কথায় কিন্তু সিকি মাত্র খাঁটি।
লম্ফঝম্ফ বহুৎ কিন্তু কাজের নাইকো ছিরি—
ফোঁস্ ক'রে যাই তেড়ে—আবার ল্যাজ গুটিয়ে ফিরি।
পাঁচটা জিনিস গড়্তে গেলে, দশটা ভেঙে চুর—
বল্ দেখি ভাই কেমন আমি সাবাস বাহাদুর!

সকলে। উচিত তোমায় বেঁধে রাখা নাকে দিয়ে দড়ি,
বেগারখাটা পণ্ডকাজের মূল্য কানাকড়ি।

পঞ্চম। আমার নাম 'তবু', তোমরা কেউ কি আমায় চেনো?
দেখ্‌তে ছোট তবু আমার সাহস আছে জেনো।
এতটুকু মানুষ তবু দ্বিধা নাইকো মনে,
যে কাজেতেই লাগি আমি খাটি প্রাণপণে।
এন্নি আমার জেদ, যখন অঙ্ক নিয়ে বসি,
একুশ বারে না হয় যদি, বাইশ বারে কষি।
হাজার আসুক বাধা তবু উৎসাহ না কমে,
হাজার লোকে চোখ রাঙালে তবু না যাই দ'মে।

সকলে। নিষ্কম্মারা গেল কোথা, পালাল কোন দেশে?
কাজের মানুষ কারে বলে দেখুক এখন এসে।
হেসে খেলে, শুয়ে বসে কত সময় যায়,
সময়টা যে কাজে লাগায়, চালাক বলে তায়।

সাধে কি বলে গাধা?

বললে গাধা মনের দুঃখে অনেকখানি ভেবে—
"বয়েস গেল খাটতে খাটতে, বৃদ্ধ হলাম এবে,
কেউ করে না তোয়াজ তবু, সংসারের কি রীতি!
ইচ্ছে করে এক্ষুনি দিই কাজে কর্মে ইতি।
কোথাকার ঐ নোংরা কুকুর, আদর যে তার কত—
যখন তখন ঘুমোচ্ছে সে লাটসাহেবের মত!
ল্যাজ নেড়ে যেই, ঘেউ ঘেউ ঘেউ, লাফিয়ে দাঁড়ায় কোলে,
মনিব আমার বোক্‌চন্দর্‌ আহ্লাদে যান গলে।
আমিও যদি সেয়ানা হতুম, আরামে চোখ মুদে
রোজ মনিবের মন ভোলাতুম অম্নি নেচে কুঁদে।
ঠ্যাং নাচাতুম, ল্যাজ দোলাতুম, গান শোনাতুম সাধা—
এ বুদ্ধিটা হয়নি আমার—সাধে কি বলে গাধা!"

বুদ্ধি এঁটে বসল গাধা আহ্লাদে ল্যাজ নেড়ে,
নাচ্‌ল কত, গাইল কত, প্রাণের মায়া ছেড়ে।
তারপরেতে শেষটা ক্রমে স্ফূর্তি এল প্রাণে।
চলল গাধা খোদ্‌ মনিবের ড্রয়িংরুমের পানে।

মনিবসাহেব ঝিমুচ্ছিলেন চেয়ারখানি জুড়ে,
গাধার গলার শব্দে হঠাৎ তন্দ্রা গেল উড়ে।
চম্‌কে উঠে গাধার নাচন যেমনি দেখেন চেয়ে,
হাসির চোটে সাহেব বুঝি মরেন বিষম খেয়ে।

ভাব্‌লে গাধা—এই তো মনিব জল হয়েছেন হেসে
এইবারে যাই আদর নিতে কোলের কাছে ঘেঁযে।
এই না ভেবে এক্কেবারে আহ্লাদেতে ক্ষেপে
চড়্‌ল সে তার হাঁটুর উপর দুই পা তুলে চেপে।
সাহেব ডাকেন 'ত্রাহি ত্রাহি' গাধাও ডাকে 'ঘ্যাঁকো'
(অর্থাৎ কিনা 'কোলে চড়েছি, এখন আমায় দ্যাখো!')
ডাক শুনে সব দৌড়ে এল ব্যস্ত হয়ে ছুটে
দৌড়ে এল চাকর বাকর মিস্ত্রী মজুর মুটে,
দৌড়ে এল পাড়ার লোকে, দৌড়ে এল মালী—
কারুর হাতে ডাণ্ডা লাঠি, কারু বা হাত খালি।
ব্যাপার দেখে অবাক সবাই, চক্ষু ছানাবড়া—
সাহেব বললে, "উচিত মতন শাসনটি চাই কড়া।"
হাঁ হাঁ ব'লে ভীষণ রকম উঠ্‌ল সবাই চটে
দে দমাদম্ মারের চোটে গাধার চমক্ ছোটে।
ছুটল গাধা প্রাণের ভয়ে গানের তালিম ছেড়ে,
ছুটল পিছে একশো লোকে হড়মুড়িয়ে তেড়ে।
তিন পা যেতে দশ ঘা পড়ে, রক্ত ওঠে মুখে—
কষ্টে শেষে রক্ষা পেল কাঁটার ঝোপে ঢুকে।
কাঁটার ঘায়ে চামড়া গেল, সার হল তার কাঁদা;
ব্যাপার শুনে বললে সবাই, "সাধে কি বলে গাধা?"

হিংসুটিদের গান

আমরা ভালো লক্ষ্মী সবাই তোমরা ভারি বিশ্রী,
তোমরা খাবে নিমের পাঁচন, আমরা খাব মিশ্রী।
আমরা পাব খেলনা পুতুল, আমরা পাব চম্‌চম্‌,
তোমরা ত তা পাচ্ছ না কেউ পেলেও পাবে কম্‌কম্‌।
আমরা শোব খাট্‌ পালঙে মায়ের কাছে ঘেঁষ্‌টে,
তোমরা শোবে অন্ধকারে একলা ভয়ে ভেস্তে।
আমরা যাব জাম্‌তাড়াতে চড়্‌ব কেমন ট্রেইনে,
চেঁচাও যদি "সঙ্গে নে যাও" বল্‌ব "কলা এই নে"!
আমরা ফিরি বুক ফুলিয়ে রঙিন্‌ জুতোয় মচ্‌মচ্‌,
তোমরা হাঁদা নোংরা ছিছি হ্যাংলা নাকে ফঁচ্‌ফঁচ্‌।
আমরা পরি রেশ্‌মি জরি, আমরা পরি গয়না,
তোমরা সেসব পাও না ব'লে তাও তোমাদের সয় না।
আমরা হব লাটমেজাজী, তোমরা হবে কিপ্‌টে,
চাইবে যদি কিচ্ছু তখন ধর্‌ব গলা চিপ্‌টে।

নিঃস্বার্থ

গোপ্‌লাটা কি হিংসুটে মা! খাবার দিলেম ভাগ করে,
বল্লে নাকো মুখেও কিছু, ফেল্লে ছুঁড়ে রাগ করে।
জ্যাঠাইমা যে মেঠাই দিলেন "দুই ভায়েতে খাও" ব'লে—
দশটি ছিল, একটি তাহার চাখতে নিলেম ফাও বলে।
আর যে ন'টি, ভাগ করে তায়, তিন্‌টে দিলেম গোপ্‌লাকে—
তবুও কেবল হ্যাংলা ছেলে আমার ভাগেই চোখ রাখে।
বুঝিয়ে বলি, "কাঁদিস্ কেন? তুই যে নেহাত কনিষ্ঠ—
বয়েস বুঝে সামলে খাবি— তা নৈলে হয় অনিষ্ট।
তিনটি বছর তফাৎ মোদের, জ্যায়দা হিসাব গুন্‌তি তাই,
মোদ্দা আমার ছয়খানি হয়, তিন বছরের তিন্‌টি পাই।"
তাও মানে না, কেবল কাঁদে—স্বার্থপরের শয়তানী—
শেষটা আমায় মেঠাইগুলো খেতেই হল সবখানি।

জালা-কুঁজো সংবাদ

পেটমোটা জালা কয়, "হেসে আমি মরিবে
কুঁজো তোর হেন গলা এতটুকু শরীরে!"
কুঁজো কয়, "কথা কস্ আপনাকে না চিনে,
ভুঁড়িখানা দেখে তোর কেঁদে আর বাঁচিনে।"
জালা কয়, "সাগরের মাপে গড়া বপুখান,
ডুবুরিরা কত তোলে তবু জল অফুরান।"
কুঁজো কয়, "ভালো কথা! তবে যদি দৈবে,
ভুঁড়ি যায় ভেস্তিয়ে, জল কোথা রইবে?"
"নিজ কথা ভুলে যাস্?" জালা কয় গর্জে,
"ঘাড়ে ধরে হেঁট ক'রে জল নেয় তোর যে!"
কুঁজো কয়, "নিজ পায়ে তবু খাড়া রই তো—
বিঁড়ে বিনা কুপোকাৎ, তেজ তোর ঐতো!"

তেজিয়ান্

চলে খচ্‌খচ্ রাগে গজ্‌গজ্ জুতা মচ্‌মচ্ তানে,
ভুরু কট্‌মট্ ছড়ি ফট্‌ফট্ লাথি চট্‌পট্ হানে।

দেখে বাঘ-রাগ লোকে 'ভাগ্‌ভাগ্' করে আগভাগ থেকে,
ভয়ে লাফ ঝাঁপ বলে 'বাপ্ বাপ্' সবে হাবভাব দেখে।

লাথি চার চার খেয়ে মার্জার ছোটে যার যার ঘরে,
মহা উৎপাত ক'রে হুট্‌পাট্ চলে ফুট্‌পাথ্ পরে।

ঝাড়ুবর্দার হারুসর্দার ফেরে ঘরদ্বার ঝেড়ে,
তারি বাল্‌তি এ—দেখে ফাল্ দিয়ে আসে পাল্‌টিয়ে তেড়ে।

রেগে লালমুখে হেঁকে গাল রুখে মারে তাল ঠুকে দাপে,
মারে ঠন্ ঠন্ হাড়ে টন্ টন্ মাথা ঝন্ ঝন্ কাঁপে!

পায়ে কাল্‌সিটে! কেন বাল্‌তিতে মেরে চাল্ দিতে গেলে?
বুঝি ঠ্যাং যায় খোঁড়া ল্যাংচায় দেখে ভ্যাংচায় ছেলে।

হরিষে বিষাদ

দেখছে খোকা পঞ্জিকাতে এই বছরে কখন কবে
ছুটির কত খবর লেখে, কিসের ছুটি কদিন হবে।

ঈদ্ মহরম দোল্ দেওয়ালি বড়দিন আর বর্ষশেষে—
ভাবছে যত ফুল্লমুখে ফূর্তি ভরে ফেলছে হেসে।

এমনকালে নীল আকাশে হঠাৎ-খ্যাপা মেঘের মত,
উথ্‌লে ছোটে কান্নাধারা ডুবিয়ে তাহার হর্ষ যত।

"কি হল তোর?" সবাই বলে, "কলমটা কি বিঁধল হাতে?"
"জিবে কি তোর দাঁত বসালি? কামড়াল কি ছারপোকাতে?"

প্রশ্ন শুনে কান্না চড়ে অশ্রু ঝরে দ্বিগুণ বেগে,
পঞ্জিকাটি আছড়ে ফেলে বললে কেঁদে আগুন রেগে;

"ঈদ্ পড়েছে জষ্ঠি মাসে গ্রীষ্মে যখন থাকেই ছুটি,
বর্ষশেষ আর দোল্ ত দেখি রোব্‌বারেতেই পড়ল দুটি।

দিনগুলোকে করলে মাটি মিথ্যে পাজি পঞ্জিকাতে—
মুখ ধোবনা ভাত খাবনা ঘুম যাবনা আজকে রাতে।"

হিতে বিপরীত

ওরে ছাগল, বল্‌ত আগে
সুড়সুড়িটা কেমন লাগে?
কই গেল তোর জারিজুরি
লম্ফঝম্ফ বাহাদুরি।
নিত্যি যে তুই আসতি তেড়ে
শিং নেড়ে আর দাড়ি নেড়ে।
ওরে ছাগল করবি রে কি?
গুঁতোবি তো আয় না দেখি।

হাঁ হাঁ হাঁ, এ কেমন কথা?
এমন ধারা অভদ্রতা!
শান্ত যারা ইতরপ্রাণী
তাদের পরে চোখরাঙানি!
ঠান্ডা মেজাজ কয় না কিছু
লাগতে গেছ তারই পিছু?
শিক্ষা তোদের এন্নিতর
ছি–ছি–ছি! লজ্জা বড়।

ছাগল ভাবে সামনে একি!
একটুখানি গুঁতিয়ে দেখি।
গুঁতোর চোটে ধড়াধ্বড়
হুড়মুড়িয়ে ধুলোয় পড়।
তবে রে পাজি লক্ষ্মীছাড়া
আমার 'পরেই বিদ্যেঝাড়া,
পাত্রাপাত্র নাই কিরে হুঁশ্‌
দে দমাদম্‌ ধুপুস ধাপুস।

সঙ্গীহারা

সবাই নাচে ফূর্তি করে সবাই গাহে গান,
একলা বসে হাঁড়িচাঁচার মুখটি কেন ম্লান?
দেখ্‌ছ নাকি আমার সাথে সবাই করে আড়ি—
তাইতো আমার মেজাজ খ্যাপা মুখটি এমন হাঁড়ি।

তাও কি হয়! ঐ যে মাঠে শালিখ পাখি ডাকে
তার কাছে কৈ যাওনিতো ভাই শুধাওনিতো তাকে!
শালিখ পাখি বেজায় ঠ্যাঁটা চেঁচায় মিছিমিছি,
হল্লা শুনে হাড় জ্বলে যায় কেবল কিচিমিচি।

মিষ্টি সুরে দোয়েল পাখি জুড়িয়ে দিল প্রাণ
তার কাছে কৈ বসলে নাতো শুনলে না তার গান!
দোয়েল পাখির ঘ্যান্‌ঘ্যানানি আর কি লাগে ভালো?
যেমন রূপে তেমন গুণে তেমনি আবার কালো।

রূপ যদি চাও যাও না কেন মাছরাঙার কাছে,
অমন খাসা রঙের বাহার আর কি কারো আছে?
মাছরাঙা! তারেও কি আর পাখির মধ্যে ধরি
রকম সকম সঙের মতন, দেমাক দেখে মরি।

পায়রা ঘুঘু কোকিল চড়াই চন্দনা টুনটুনি
কারে তোমার পছন্দ হয়, সেই কথাটি শুনি!
এইগুলো সব ছ্যাবলা পাখি নেহাৎ ছোট জাত—
দেখলে আমি তফাৎ হঠি অমনি পঁচিশ হাত!

এতক্ষণে বুঝতে পারি ব্যাপারখানা কি যে—
সবার তুমি খুঁৎ পেয়েছ নিখুঁৎ কেবল নিজে!
মনের মতন সঙ্গী তোমার কপালে নাই লেখা
তাইতে তোমায় কেউ পোঁছে না তাইতে থাক একা।

মূর্খ মাছি

মাকড়সা। সান্‌-বাঁধা মোর আঙিনাতে
জাল্‌ বুনেছি কাল্‌কে রাতে,
ঝুল ঝেড়ে সব সাফ করেছি বাসা।
আয় না মাছি আমার ঘরে,
আরাম পাবি বসলে পরে,
ফরাশ্‌ পাতা দেখবি কেমন খাসা!

মাছি। থাক্‌ থাক্‌ থাক্‌ আর বলে না,
আন্‌ কথাতে মন গলে না—
ব্যবসা তোমার সবার আছে জানা।
ঢুক্‌লে তোমার জালের ঘেরে
কেউ কোনদিন আর কি ফেরে?
বাপ্‌রে! সেথায় ঢুক্‌তে মোদের মানা।

মাকড়সা। হাওয়ায় দোলে জালের দোলা
চারিদিকে তার জাল্‌না খোলা
আপ্‌নি ঘুমে চোখে যে আসে জুড়ে!
আয় না হেথা হাত পা ধুয়ে
পাখ্‌না মুড়ে থাক্‌ না শুয়ে—
ভন্‌ ভন্‌ ভন্‌ মরবি কেন উড়ে?

মাছি। কাজ নেই মোর দোলায় দুলে,
কোথায় তোমার কথায় ভুলে
প্রাণটা নিয়ে টান্ পড়ে তাই শেষে।
তোমার ঘরে ঘুম যদি পায়
সে ঘুম কভু ভাঙ্‌বে না হায়—
সে ঘুম নাকি এমন সর্বনেশে!

মাকড়সা। মিথ্যে কেন ভাবিস্ মনে?
দেখ্‌না এসে ঘরের কোণে,
ভাঁড়ার ভরা খাবার আছে কত!
দে-টপাটপ্ ফেল্‌বি মুখে
নাচ্‌বি গাবি থাক্‌বি সুখে
ভাবনা ভুলে বাদ্‌শা-রাজার মতো।

মাছি। লোভ দেখালেই ভুলবে ভবি,
ভাব্‌ছ আমায় তেম্‌নি লোভী!
মিথ্যে দাদা ভোলাও কেন খালি?
কর্‌ব কি ছাই ভাঁড়ার দেখে?
প্রণাম করি আড়াল থেকে—
আজকে তোমার সেই গুড়ে ভাই বালি।

মাকড়সা। নধর কালো বদন ভ'রে
রূপ যে কত উপ্‌চে পড়ে!
অবাক দেখি মুকুটমালা শিরে!
হাজার চোখে মাণিক জ্বলে।
ইন্দ্রধনু পাখার তলে!—
ছয় পা ফেলে আয় না দেখি ধীরে।

মাছি। মন ফুর্‌ফুর্‌ ফূর্তি নাচে—
একটুখানিক যাই না কাছে!
যাই যাই যাই—বাপ্‌রে একি ধাঁধাঁ!
—ও দাদা ভাই রক্ষে কর!
ফাঁদ পাতা এ কেমনতরো!
আট্‌কা পড়ে হাত পা হল বাঁধা।

দুষ্টুলোকের মিষ্টি কথায়
নাচলে লোকের স্বস্তি কোথায়?
এম্নি দশাই তার কপালে লেখে।
কথার পাকে মানুষ মেরে
মাকড়জীবী ঐ যে ফেরে
গড় করি তায় অনেক তফাৎ থেকে।।

বিখ্যাত ইংরেজি কবিতার অণুসরণে

জীবনের হিসাব

বিদ্যেবোঝাই বাবুমশাই চড়ি সখের বোটে
মাঝিরে কন, ''বল্‌তে পারিস্‌ সূর্যি কেন ওঠে?
চাঁদটা কেন বাড়ে কমে? জোয়ার কেন আসে?''
বৃদ্ধ মাঝি অবাক হয়ে ফ্যাল্‌ফেলিয়ে হাসে।
বাবু বলেন, ''সারা জনম মর্‌লিরে তুই খাটি,
জ্ঞান বিনা তোর জীবনটাযে চারি আনাই মাটি!''

খানিক বাদে কহেন বাবু ''বল্‌ত দেখি ভেবে
নদীর ধারা কেম্‌নে আসে পাহাড় হতে নেবে?
বল্‌ত কেন লবণপোরা সাগরভরা পানি?''
মাঝি সে কয়, ''আরে মশাই অত কি আর জানি?''
বাবু বলেন, ''এই বয়সে জানিসনেও তাকি?
জীবনটা তোর নেহাৎ খেলো, অষ্ট আনাই ফাঁকি।''

আবার ভেবে কহেন বাবু, ''বল্‌তো ওরে বুড়ো,
কেন এমন নীল দেখা যায় আকাশের ঐ চুড়ো?
বল্‌ত দেখি সূর্য চাঁদে গ্রহণ লাগে কেন?''
বৃদ্ধ বলে, ''আমায় কেন লজ্জা দেছেন হেন?''
বাবু বলেন, ''বল্‌ব কি আর বল্‌ব তোরে কি তা—
দেখ্‌ছি এমন জীবনটা তোর বারো আনাই বৃথা।''

খানিক বাদে ঝড় উঠেছে ঢেউ উঠেছে ফুলে,
বাবু দেখেন নৌকোখানি ডুব্‌ল বুঝি দুলে।
মাঝিরে কন, "একি আপদ! ওরে ও ভাই মাঝি,
ডুব্‌ল নাকি নৌকো এবার? মরব নাকি আজি?"
মাঝি শুধায়, "সাঁতার জানো?" মাথা নাড়েন বাবু,
মূর্খ মাঝি বলে, "মশাই এখন কেন কাবু?
বাঁচলে শেষে আমার কথা হিসেব করো পিছে,
তোমার দেখি জীবনখানা ষোল আনাই মিছে।"

আশ্চর্য!

নিরীহ কলম, নিরীহ কালি,
নিরীহ কাগজে লিখিল গালি—
"বাঁদর বেকুব আজব হাঁদা
বকাট্ ফাজিল অকাট্ গাধা।"
আবার লিখিল কলম ধরি
বচন মিষ্টি, যতন করি—
"শান্ত মানিক শিষ্ট সাধু
বাছারে, ধনরে, লক্ষ্মী যাদু।"
মনের কথাটি ছিল যে মনে,
রটিয়া উঠিল খাতার কোণে,
আঁচড়ে আঁকিতে আখর ক'টি
কেহ খুশী, কেহ উঠিল চটি!
রকম রকম কালির টানে
কারো হাসি কারো অশ্রু আনে,
মারে না, ধরে না, হাঁকে না বুলি
লোকে হাসে কাঁদে কি দেখি ভুলি?
শাদায় কালোয় কি খেলা জানে?
ভাবিয়া ভাবিয়া না পাই মানে।

নিরুপায়

বসি বছরের পয়লা তারিখে
মনের খাতায় রাখিলাম লিখে—
"সহজ উদরে ধরিবে যেটুক,
সেইটুকু খাব হব না পেটুক।"
মাস দুই যেতে খাতা খুলে দেখি
এরি মাঝে মন লিখিয়াছে একি!
লিখিয়াছে "যদি নেমন্তন্নে
কেঁদে ওঠে প্রাণ লুচির জন্যে,
উচিত হবে কি কাঁদান তাহারে?
কিম্বা যখন বিপুল আহারে,
তেড়ে দেয় পাতে পোলাও কালিয়া
পায়েস অথবা রাবড়ি ঢালিয়া—
তখন কি করি, আমি নিরুপায়!
তাড়াতে না পারি, বলি আয় আয়,
ঢুকে আয় মুখে দুয়ার ঠেলিয়া
উদার রয়েছি উদর মেলিয়া!"

হারিয়ে যাওয়া

ঠাকুরদার চশমা কোথা?
ওরে গন্‌শা, হাবুল, ভোঁতা,
দেখ্‌না হেথা, দেখ্‌না হোথা—খোঁজ্‌ না নিচে গিয়ে।

কই কই কই? কোথায় গেল?
টেবিল টানো, ডেস্কো ঠেল,
ঘরদোর সব উল্টে ফেল— খোঁচাও লাঠি দিয়ে।

খুঁজছে মিছে কুঁজোর পিছে,
জুতোর ফাঁকে, খাটের নিচে,
কেউবা জোরে পর্দা খিঁচে— বিছ্‌না দেখে ঝেড়ে—

লাফিয়ে ঘুরে হাঁপিয়ে ঘেমে
ক্লান্ত সবে পড়্‌ল থেমে,
ঠাকুরদাদা আপনি নেমে আসেন তেড়েমেড়ে।

বলেন রেগে, "চশমাটা কি
ঠ্যাং গজিয়ে ভাগ্‌ল নাকি?
খোঁজার নামে কেবল ফাঁকি—দেখ্‌ছি আমি এসে!"

যেমন বলা দারুণ রোষে,
কপাল থেকে অম্নি খ'সে
চশমা পড়ে তক্তপোশে—সবাই ওঠে হেসে!

নন্দগুপি

হঠাৎ কেন দুপুর রোদে চাদর দিয়ে মুড়ি,
চোরের মত নন্দগোপাল চলছে গুড়ি গুড়ি?
লুকিয়ে বুঝি মুখোশখানা রাখছে চুপি চুপি?
আজকে রাতে অন্ধকারে টেরটা পাবেন গুপি!

আয়না হাতে দাঁড়িয়ে গুপি হাসছে কেন খালি?
বিকট রকম পোশাক করে মাখ্‌ছে মুখে কালি!
এম্নি করে লম্ফ দিয়ে ভেংচি যখন দেবে
নন্দ কেমন আঁৎকে যাবে — হাস্‌ছে সে তাই ভেবে।

আঁধার রাতে পাতার ফাঁকে ভূতের মতন কেরে?
ফন্দি এঁটে নন্দগোপাল মুখোশ মুখে ফেরে!
কোথায় গুপি, আসুক না সে ইদিক্ পানে ঘুরে—
নন্দদাদার হুঙ্কারে তার প্রাণটি যাবে উড়ে।

হেথায় কেরে মূর্তি ভীষণ মুখটি ভরা গোঁফে?
চিমটে হাতে জংলা গুপি বেড়ায় ঝাড়ে ঝোপে!
নন্দ যখন বাড়ির পথে আস্‌বে গাছের আড়ে,
"মার্ মার্ মার্ কাট্‌রে" বলে পড়্‌বে তাহার ঘাড়ে!

নন্দ চলেন এক পা দু পা, আস্তে ধীরে গতি,
টিপিটিপি চলেন গুপি সাবধানেতে অতি—
মোড়ের মুখে ঝোপের কাছে মার্‌তে গিয়ে উঁকি
দুই সেয়ানে এক্কেবারে হঠাৎ মুখোমুখি!

নন্দ তখন ফন্দি ফাঁদন কোথায় গেল ভুলি
কোথায় গেল গুপির মুখে মার্ মার্ মার্ বুলি!
নন্দ পড়েন দাঁতকপাটি মুখোশ্ টুখোশ্ ছেড়ে
গুপির গায়ে জ্বরটি এল কম্প দিয়ে তেড়ে।

গ্রামের লোকে দৌড়ে তখন বদ্যি আনে ডেকে
কেউ বা নাচে কেউ বা কাঁদে রকম সকম দেখে।
নন্দগুপির মন্দ কপাল এম্‌নি হল শেষে
দেখ্‌লে তাদের লুটোপুটি সবাই মরে হেসে!

চলে হন্ হন্ ছোটে পন্ পন্
ঘোরে বন্ বন্ কাজে ঠন্ ঠন্
বায়ু শন্ শন্ শীতে কন্ কন্
কাশি খন্ খন্ ফোড়া টন্ টন্
মাছি ভন্ ভন্ থালা ঝন্ ঝন্

দাদা গো দাদা, সত্যি তোমার সুরগুলো খুব খেলে!
এম্‌নি মিঠে— ঠিক যেন কেউ গুড় দিয়েছে ঢেলে!
দাদা গো দাদা, এমন খাসা কণ্ঠ কোথায় পেলে?—
এই খেলে যা! গান শোনাতে আমার কাছেই এলে?
দাদা গো দাদা, পায় পড়ি তোর, ভয় পেয়ে যায় ছেলে—
গাইবে যদি ঐখেনে গাও, ঐ দিকে মুখ মেলে।

কেন সব কুকুরগুলো খামখা চ্যাঁচায় রাতে?
কেন বল্ দাঁতের পোকা থাকে না ফোক্‌লা দাঁতে?
পৃথিবীর চ্যাপ্টা মাথা, কেন দে কাদেরদোষে?—
এস ভাই চিন্তা করি দুজনে ছায়ায় বসে।

বর্ষ গেল, বর্ষ এল

বর্ষ গেল বর্ষ এল, গ্রীষ্ম এলেন বাড়ি—
পৃথ্বী এলেন চক্র দিয়ে এক বছরের পাড়ি!
সত্যিকারের এই পৃথিবী বয়স কেবা জানে,
লক্ষ হাজার বছর ধরে চল্‌ছে একই টানে।
আপন তালে আকাশ পথে আপনি চলে বেগে,
গ্রীষ্মকালের তপ্তরোদে বর্ষাকালের মেঘে,
শরৎকালের কান্নাহাসি হাল্কা বাদল হাওয়া,
কুয়াশা-ঘেরা পর্দা ফেলে হিমের আসা যাওয়া—
শীতের শেষে রিক্ত বেশে শূন্য করে ঝুলি,
তার প্রতিশোধ ফুলে ফলে বসন্তে লয় তুলি।
না জানি কোন নেশার ঝোঁকে যুগযুগান্ত ধরে,
ছয়টি ঋতুর দ্বারে দ্বারে পাগল হয়ে ঘোরে!
না জানি কোন ঘূর্ণীপাকে দিনের পরে দিন,
এমন ক'রে ঘোরায় রাতে নিদ্রাবিরামহীন!
কাঁটায় কাঁটায় নিয়ম রাখে লক্ষযুগের প্রথা,
না জানি তার চাল চলনের হিসাব রাখে কোথা!

গ্রীষ্ম

ঐ এল বৈশাখ ঐ নামে গ্রীষ্ম,
খাইখাই রবে যেন ভয়ে কাঁপে বিশ্ব!
চোখে যেন দেখি তার ধূলিমাখা অঙ্গ,
বিকট কুটিলজটে ভ্রুকুটির ভঙ্গ,
রোদে রাঙা দুই আঁখি শুকায়েছে কোটরে,
ক্ষুধার আগুন যেন জ্বলে তার জঠরে!
মনে হয় বুঝি তার নিঃশ্বাস মাত্রে
তেড়ে আসে পালাজ্বর পৃথিবীর গাত্রে!
ভয় লাগে হয় বুঝি ত্রিভুবন ভস্ম—
ওরে ভাই ভয় নাই পাকে ফল শস্য!
তপ্ত ভীষণ চুলা জ্বালি নিজ বক্ষে
পৃথিবী বসেছে পাকে, চেয়ে দেখ চক্ষে,—
আম পাকে, জাম পাকে, ফল পাকে কত যে,
বুদ্ধি যে পাকে কত ছেলেদের মগজে!

বর্ষার কবিতা

কাগজ কলম লয়ে বসিয়াছি সদ্য,
আষাঢ়ে লিখিতে হবে বরষার পদ্য।
কি যে লিখি কি যে লিখি ভাবিয়া না পাই রে,
হতাশে বসিয়া তাই চেয়ে থাকি বাইরে।
সারাদিন ঘনঘটা কালো মেঘ আকাশে,
ভিজে ভিজে পৃথিবীর মুখখানা ফ্যাকাশে।
বিনা কাজে ঘরে বাঁধা কেটে যায় বেলাটা,
মাটি হল ছেলেদের ফুটবল খেলাটা।
আপিসের বাবুদের মুখে নাই ফুর্তি,
ছাতা কাঁধে জুতা হাতে ভ্যাবাচ্যাকা মূর্তি।
কোনখানে হাঁটু জল, কোথা ঘন কর্দম—
চলিতে পিছল পথে পড়ে লোকে হর্‌দম।
ব্যাঙেদের মহাসভা আহ্লাদে গদ্‌গদ্,
গান করে সারারাত অতিশয় বদ্‌খদ্।

বর্ষ শেষ

শুন রে আজব কথা, শুন বলি ভাই রে—
বছরের আয়ু দেখ আর বেশি নাই রে।
ফেলে দিয়ে পুরাতন জীর্ণ এ খোলসে
নূতন বরষ আসে, কোথা হতে বল সে!
কবে যে দিয়েছে চাবি জগতের যন্ত্রে,
সেই দমে আজও চলে না জানি কি মন্ত্রে!
পাকে পাকে দিনরাত ফিরে আসে বার বার
ফিরে আসে মাস ঋতু— এ কেমন কারবার!
কোথা আসে কোথা যায় নাহি কোনো উদ্দেশ,
হেসে খেলে ভেসে যায় কত দূর দূর দেশ।
রবি যায় শশী যায় গ্রহ তারা সব যায়,
বিনা কাঁটা কম্পাসে বিনা কল কব্জায়।
ঘুরপাক ঘুরে চলে, চলে কত ছন্দে,
তালে তালে হেলে দুলে চলে রে আনন্দে।

শ্রাবণে

জল ঝরে জল ঝরে সারাদিন সারারাত—
অফুরান নাম্‌তায় বাদলের ধারাপাত।
আকাশের মুখ ঢাকা, ধোঁয়ামাখা চারিধার,
পৃথিবীর ছাত পিটে ঝমাঝম্ বারিধার।
স্নান করে গাছপালা প্রাণখোলা বরষায়,
নদীনালা ঘোলাজল ভরে ওঠে ভরসায়।
উৎসব ঘনঘোর উন্মাদ শ্রাবণের
শেষ নাই শেষ নাই বরষার প্লাবনের।
জলেজলে জলময় দশদিক্ টলমল্,
অবিরাম একই গান, ঢালো জল, ঢালো জল।
ধুয়ে যায় যত তাপ জর্জর গ্রীষ্মের,
ধুয়ে যায় রৌদ্রের স্মৃতিটুকু বিশ্বের।
শুধু যেন বাজে কোথা নিঃঝুম ধুক্‌ধুক্,
ধরণীর আশাভয় ধরণীর সুখদুখ।

অতীতের ছবি

অতীতের ছবি

১

ছিল এ-ভারতে এমন দিন
মানুষের মন ছিল স্বাধীন;
সহজ উদার সরল প্রাণে
বিস্ময়ে চাহিত জগত পানে।
আকাশে তপন তারকা চলে,
নদী যায় ভেসে, সাগর টলে
বাতাস ছুটিছে আপন কাজে,
পৃথিবী সাজিছে নানান্ সাজে;
ফুলে ফলে ছয় ঋতুর খেলা,
কত রূপ কত রঙের মেলা;
মুখরিত বন পাখির গানে,
অটল পাহাড় মগন ধ্যানে;
নীলাকাশে ঘন মেঘের ঘটা,
তাহে ইন্দ্রধনু বিজলী ছটা,
তাহে বারিধারা পড়িছে ঝরি—
দেখিত মানুষ নয়ন ভরি।
কোথায় চলেছে কিসের টানে
কোথা হতে আসে, কেহ না জানে।
ভাবিত মানব দিবস-যামী,
ইহারি মাঝারে জাগিয়া আমি,
কিছু নাহি বুঝি কিছু না জানি,

দেখি দেখি আর অবাক মানি।
কেন চলি ফিরি কিসের লাগি
কখন ঘুমাই কখন জাগি,
কত কান্না হাসি দুখে ও সুখে
ক্ষুধা তৃষ্ণা কত বাজিছে বুকে।
জন্ম লভি জীব জীবন ধরে,
কোথায় মিলায় মরণ পরে?
ভাবিতে ভাবিতে আকুল প্রাণে
ডুবিত মানব গভীর ধ্যানে।
অকূল রহস্য-তিমির তলে,
জ্ঞানজ্যোতির্ময় প্রদীপ জ্বলে,
সমাহিত চিত্তে যতন করি
অচঞ্চল শিখা সে আলো ধরি
দিব্য জ্ঞানময় নয়ন লভি,
হেরিল নূতন জগত ছবি।

অনাদি নিয়মে অনাদি স্রোতে
ভাসিয়া চলেছে অকূল পথে
প্রতি ধূলিকণা নিখিল টানে
এক হতে ধায় একেরি পানে,
চলেছে একেরি শাসন মানি,
লোকে লোকান্তরে একেরি বাণী।
এক সে অমৃতে হয়েছে হারা
নিখিল জীবন-মরণ ধারা।
সে অমৃতজ্যোতি আকাশ ঘেরি,
অন্তরে বাহিরে অমৃত হেরি।
যাঁহা হতে জীব জনম লভে,
যাঁহা হতে ধরে জীবন সবে,
যাঁহার মাঝারে মরণ পরে,
ফিরি পুন সবে প্রবেশ করে,

তাঁহারে জানিবে যতন ধরি
তিনি ব্রহ্ম তাঁরে প্রণাম করি।
আনন্দেতে জীব জনম লভে
আনন্দে বিরাম লভিয়া প্রাণ
আনন্দের মাঝে করে প্রয়াণ।
শুন বিশ্বলোক, শুনহ বাণী
অমৃতের পুত্র সকল প্রাণী,
দিব্যধামবাসী শুনহ সবে—
জেনেছি তাঁহারে, যিনি এ ভবে
মহান পুরুষ, নিখিল গতি,
তমসার পরে পরম জ্যোতি।
তেজোময় রূপ হেরিয়া তাঁরে
স্তব্ধ হয় মন, বচন হারে।
বামে ও দখিনে উপরে নীচে,
ভিতরে বাহিরে, সমুখে পিছে,
কিবা জলেস্থলে আকাশ পরে,
আঁধারে আলোকে চেতনে জড়ে;
আমার মাঝারে, আমারে ঘেরি
এক ব্রহ্মময় প্রকাশ হেরি।
সে আলোক চাহি আপন পানে
আপনারে মন স্বরূপ জানে।
আমি আমি করি দিবস-যামী,
না জানি কেমন কোথা সে 'আমি'।
অজয় অমর অরূপ রূপ
নহি আমি এই জড়ের স্তূপ,
দেহ নহে মোর চির-নিবাস
দেহের বিনাশে নাহি বিনাশ।
বিশ্ব আত্মা মাঝে হয়ে মগন
আপন স্বরূপ হেরিলে মন
না থাকে সন্দেহ না থাকে ভয়

শোক তাপ মোহ নিমেষে লয়,
জীবনে মরণে না রহে ছেদ,
ইহ-পরলোকে না রহে ভেদ।
ব্রহ্মানন্দময় পরম ধাম,
হেথা আসি সবে লভে বিরাম;
পরম সম্পদ পরম গতি,
লভ তাঁরে জীব যতনে অতি।

২

কালচক্রে হায় এমন দেশে
ঘোর দুঃখদিন আসিল শেষে।
দশদিক হতে আঁধার আসি
ভারত আকাশ ফেলিল গ্রাসি।
কোথা সে প্রাচীন জ্ঞানের জ্যোতি,
সত্য অন্বেষণে গভীর মতি;
কোথা ব্রহ্মজ্ঞান সাধন ধন,
কোথা ঋষিগণ ধ্যানে মগন;
কোথা ব্রহ্মচারী তাপস যত,
কোথা সে ব্রাহ্মণ সাধনা রত?
একে একে সবে মিলাল কোথা,
আর নাহি শুনি প্রাচীন কথা।
মহামূল্য নিধি ঠেলিয়া পায়
হেলায় মানুষ হারাল তায়।
আপন স্বরূপ ভুলিয়া মন
ক্ষুদ্রের সাধনে হল মগন।
ক্ষুদ্র চিন্তা মাঝে নিয়ত মজি,
ক্ষুদ্র স্বার্থ-সুখ জীবনে ভজি,
ক্ষুদ্র তৃপ্তি লয়ে মূঢ়ের মত
ক্ষুদ্রের সেবায় হইল রত।
রচি নব নব বিধি-বিধান
নিগড়ে বাঁধিল মানব প্রাণ;
সহস্র নিয়ম নিষেধ শত,

তাহে বদ্ধ নর জড়ের মত;
লিখি দাসখত ললাটে তার
রুদ্ধ করি দিল মনের দ্বার।
জ্বলন্ত যাঁহার প্রকাশ ভবে
হায়রে তাঁহারে ভুলিল সবে;
কল্পনার পিছে ধাইল মন,
কল্পিত দেবতা হল সৃজন,
কল্পিত রূপের মূরতি গড়ি,
মিথ্যা পূজাচার রচন করি,
ব্যাখ্যা করি তার মহিমা শত,
মিথ্যা শাস্ত্রবাণী রচিল কত।
তাহে তপ্ত হয়ে অবোধ নরে
রহে উদাসীন মোহের ভরে
না জাগে জিজ্ঞাসা অলস মনে,
দেখিয়া না দেখে পরম ধনে।
ব্রাহ্মণেরে দেবতা মানি
নির্বিচারে শুনে তাহারি বাণী।
পিতৃপুরুষের প্রসাদ বরে
বসি উচ্চাসনে গরব ভরে
পূজা-উপাচার নিয়ত লভি
ভুলিল ব্রাহ্মণ নিজ পদবী।
কিসে নিত্যকাল এ ভারতভবে
আপন শাসন অটুট রবে
এই চিন্তা সদা করি বিচার
হল স্বার্থপর হৃদয় তার।
ভেদবুদ্ধিময় মানব মন
নব নব ভেদ করে সৃজন।
জাতিরে ভাঙিয়া শতধা করে,
তাহার উপরে সমাজ গড়ে;
নানা বর্ণ নানা শ্রেণীবিচার,

নানা কূটবিধি হল প্রচার।
ভেদ বুদ্ধি কত জীবন মাঝে
অশনে বসনে সকল কাজে,
ধর্ম অধিকারে বিচার ভেদ
মানুষে মানুষে করে প্রভেদ।
ভেদ জনে জনে, নারী ও নরে,
জাতিতে জাতিতে বিচার ঘরে।
মিথ্যা অহংকারে মোহের বশে
জাতির একতা বাঁধন খসে;
হয়ে আত্মঘাতী ভারতভবে
আপন কল্যাণ ভুলিল সবে।

৩

এখনও গভীর তমসা রাতি,
ভারত ভবনে নিভিছে বাতি—
মানুষ না দেখি ভারতভুমে,
সবাই মগন গভীর ঘুমে।
কত জাতি আজ হেলার ভরে
হেথায় আসিয়া বসতি করে।
ভারতের বুকে নিশান গাঁথি
বসেছে সবলে আসন পাতি।
নিজ ধনবান নিজ বিভব
বিদেশীর হাতে সঁপিয়া সব,
ভারতের মুখে না ফুটে বাণী,
মৌন রহে দেশ শরম মানি।
—হেনকালে শুন ভেদি আঁধার
সুগম্ভীর বাণী উঠিল কার—
"ভাব সেই একে ভাবহ তাঁরে,
জলে স্থলে শূন্যে হেরিছ যাঁরে;
নিয়ত যাঁহার স্বরূপ ধ্যানে
দিব্য জ্ঞান জাগে মানব প্রাণে।
ছাড় তুচ্ছ পূজা জড় সাধন,
মিথ্যা দেবসেবা ছাড় এখন;
বেদান্তের বাণী স্মরণ কর,
ব্রহ্মজ্ঞান-শিখা হৃদয়ে ধর।
সত্য মিথ্যা দেখ করি বিচার

খুলি দাও যত মনের দ্বার।
মানুষের মত স্বাধীন প্রাণে
নির্ভয়ে তাকাও জগত পানে—
দিকে দিকে দেখ ঘুচিছে রাতি,
দিকে দিকে জাগে কত না জাতি;
দিকে দিকে লোক সাধনারত
জ্ঞানের ভাণ্ডার খুলেছে কত।
নাহি কি তোমার জ্ঞানের খনি!
বেদান্ত-রতন মুকুটমণি?
অসারে মজে কি ভুলেছ তুমি
ধর্মে গরীয়ান ভারতভূমি?”
—শুনি মৃতদেশ পরান পায়,
বিস্ময়ে মানুষ ফিরিয়া চায়।
দেখে দিব্যরূপ পুরুষবরে
কান্তি তেজোময় নয়ন হরে,
সবল শরীর সুঠাম অতি,
ললাট প্রসর, নয়নে জ্যোতি,
গম্ভীর স্বভাব, বচন ধীর,
সত্যের সংগ্রামে অজেয় বীর;
অতুল প্রখর প্রতিভাবরে
নানা শাস্ত্র ভাষা বিচার করে।
রামমোহনের[১] জীবন স্মরি,
কৃতজ্ঞতা ভরে প্রণাম করি।
দেশের দুর্গতি সকলখানে
হেরিয়া বাজিল রাজার প্রাণে।
কত অসহায় অবোধ নারী
সতীত্বের নামে সকল ছাড়ি,
কেহ স্ব-ইচ্ছায়, কেহবা ভয়ে,
শাসনে-তাড়নে পিষিত হয়ে,
পতির চিতায় পুড়িয়া মরে—

শুনি কাঁদে প্রাণ তাদের তরে।
নারীদুঃখ নাশ করিল পণ,
ঘুচিল নারীর সহমরণ।
নিষ্কাম করম-যোগীর মত
দেশের কল্যাণ সাধনে রত,
নানা শাস্ত্রবাণী করে চয়ন,
দেশ দেশান্তরের ঋষিবচন;
পশ্চিমের নব জ্ঞানের বাণী
দেশের সমুখে ধরিল আনি।
কিরূপেতে পুন এই ভারতভবে
ব্রহ্মজ্ঞান কথা প্রচার হবে,
নিয়ত যতন তাহারি তরে,
কত শ্রম কত প্রয়াস করে;
তর্ক আলোচনা কত বিচার
কত গ্রন্থ রচি' করে প্রচার;
—ক্রমে বিনাশিতে জড় ধরম
'ব্রহ্ম সমাজে'র হল জনম।
শুনে দেশবাসী নূতন কথা,
মূরতিবিহীন পূজার প্রথা;
উপাসনা-গৃহ দেখে নূতন
যেথায় স্বদেশী-বিদেশী জন
শূদ্র দ্বিজ আদি মিলিয়া সবে
নির্বিচারে সদা আসন লভে।
মহাপুরুষের বিপুল শ্রমে
দেশে যুগান্তর আসিল ক্রমে।
স্বদেশের তরে আকুল প্রাণ
প্রবাসেতে রাজা করে প্রয়াণ;
সেথায় সুদুর বিলাতে হায়
অকালেতে রাজা ত্যজিল কায়।
অসমাপ্ত কাজ রহিল পড়ে,

ফিরে যায় লোকে নিরাশা ভরে;
একে একে সব যেতেছে চলে—
ভাসে রামচন্দ্র[২] নয়নজলে।
রাজার জীবন নিয়ত স্মরি
উপাসনা-গৃহে রহে সে পড়ি,
নিয়ম ধরিয়া পূজার কালে
নিষ্ঠাভরে সেথা প্রদীপ জ্বালে।
একা বসি ভাবে, রাজার কাজ
এমন দুর্দিনে কে লবে আজ?

৪

ধনী যুবা এক শ্মশান ঘাটে
একা বসি তার রজনী কাটে।
অদূরে অন্তিম শয়নোপরি
দিদিমা তাহার আছেন পড়ি,
সমুখে পূর্ণিমা গগনতলে,
পিছনে শ্মশানে আগুন জ্বলে,
তাহারি মাঝারে নদীর তীরে
হরিনাম ধ্বনি উঠিছে ধীরে।
একাকী যুবক বসিয়া কূলে
সহসা কি ভাবি আপনা ভুলে।
প্রসন্ন আকাশ চাঁদিম রাতি
ধরিল অপূর্ব নূতন ভাতি,
তুচ্ছ বোধ হল ধন-বিভব
বিলাস বাসনা অসার সব,
অজানা কি যেন সহসা স্মরি
পলকে পরান উঠিল ভরি।
আবার কি সে মন বিরাম মানে?
গভীর পিপাসা জাগিল প্রাণে।
কোথা শান্তি পাবে ব্যাকুল তৃষা
শুধায় সবারে না পায় দিশা।
—সহসা একদা তাহার ঘরে
ছিন্নপত্র এক উড়িয়া পড়ে;
কি যেন বচন লিখিত তায়

অর্থ তার যুবা ভাবি না পায়।
বিদ্যাবাগীশের নিকটে তবে
যুবা সে বাণীর মরম লভে—
"যাহা কিছু এই জগততলে
অনিত্যের স্রোতে ভাসিয়া চলে
ব্রহ্মে আচ্ছাদিত জানিবে তায়"—
শুনিয়া যুবক প্রবোধ পায়।
শুনি মহাবাণী চমক লাগে,
আরো জানিবারে বাসনা জাগে;
ব্রহ্মজ্ঞান লাভে পিপাসু মন
গভীর সাধনে হল মগন;
যত ডোবে আরো ডুবিতে চায়—
ডুবি নব নব রতন পায়।
হেনকালে হল অশনিপাত—
যুবকের পিতা দ্বারকানাথ,
অতুল সম্পদ ধন বিভব
ঋণের পাথারে ডুবায়ে সব
কিছু না বুঝিতে জানিতে কেহ
অকালে সহসা ত্যজিল দেহ।
আত্মীয়-স্বজন কহিল সবে,
"যে উপায়ে হোক্ বাঁচিতে হবে—
কর অস্বীকার ঋণের দায়
নহিলে তোমার সকলি যায়।"
নাহি টলে তায় যুবার মন,
পিতৃঋণ শোধ করিল পণ,
হয়ে সর্বত্যাগী ফকির দীন
ছাড়ি দিল সব শোধিতে ঋণ।
উত্তমর্ণজনে অবাক মানি
কহে শ্রদ্ধাভরে অভয় বাণী,
"বিষয় বিভব থাকুক তব,

মোরা তাহা হতে কিছু না লব।
সাধুতা তোমার তুলনাহীন;
সাধ্যমত তুমি শোধিও ঋণ।"
বরষের পরে বরষ যায়,
যুবক এখন প্রবীণ-প্রায়।
সংসারে বাসনা-বিগত মন,
ঋষিকল্পরূপ ধ্যানে মগন,
ব্রহ্ম-ধ্যান-জ্ঞানে পূরিত প্রাণ,
ব্রহ্মানন্দ রস করিছে পান;
বচনেতে যেন অমৃত ঝরে—
নমি নমি তাঁরে ভকতি ভরে।
ব্রাহ্মসমাজের আসন হতে
দীপ্ত অগ্নিময় বচন স্রোতে
ব্রহ্মজ্ঞান ধারা বহিয়া যায়,
কত শত লোকে শুনিতে ধায়।
"ব্রহ্মে কর প্রীতি নিয়ত সবে,
প্রিয়কার্য তাঁর সাধহ ভবে।
হের তাঁরে নিজ হৃদয় মাঝে,
সেথা ব্রহ্মজ্যোতি নিয়ত রাজে।
জ্ঞানসমুজ্জ্বল বিমল প্রাণে,
যে জানে তাঁহারে ধ্রুব সে জানে।
জানিবার পথ নাহিক আর,
নহে শাস্ত্রবাণী প্রমাণ তাঁর।
বহু তর্ক বহু বিচার বলে
বহু জপ তপ সাধন ফলে
বহু তত্ত্বকথা আলোড়ি চিতে
নাহি পায় সেই বচনাতীতে।"
ব্রাহ্মসমাজের অসাড় প্রাণে,
মহর্ষির° বাণী চেতনা আনে।
দলে দলে লোক সেথায় ছোটে

উৎসাহের স্রোতে আসিয়া জোটে।
মত্ত অনুরাগে কেশব[৪] ধায়,
প্রতিভার জ্যোতি নয়নে ভায়;
আকুল আহে পরান খুলি
ঝাঁপ দিল স্রোতে আপনা ভুলি।
হেরি মহর্ষির পুলক বাড়ে,
"ব্রহ্মানন্দ" নাম দিলেন তাঁরে।
লভি নব প্রাণ সমাজ-কায়
নব নব ভাবে বিকাশ পায়;
ধর্মগ্রন্থ নব, নব সাধন
ব্রহ্ম উপাসনা বিধি নূতন,
ধর্মপ্রাণ কত নারী ও নরে
তাহে নিমগন পুলক ভরে।

৫

সমাজে সুদিন এল আবার,
ক্রমে প্রসারিল জীবন তার।
কেশব আপন প্রতিভা বলে
যতনে গঠিল যুবকদলে।
নগরে নগরে হল প্রচার—
"ধর্ম রাজ্যে নাহি জাতিবিচার;
নাহি ভেদ হেথা নারী ও নরে,
ভক্তি আছে যার সে যায় ত'রে।
জাতিবর্ণ-ভেদ কুরীতি যত
ভাঙি দাও চিরদিনের মত।
দেশ দেশান্তরে ধাউক মন,
সর্বধর্মবাণী কর চয়ন;
ধর্মে ধর্মে নাহি বিরোধ রবে,
মহা সমন্বয় গঠিত হবে।"
পশিল সে বাণী দেশের প্রাণে,
মুগ্ধ নরনারী অবাক মানে।
নগরে নগরে তুফান উঠে,
ঘরে ঘরে কত বাঁধন টুটে;
ব্রহ্ম নামে সব ছুটিয়া চলে,
প্রাণ হতে প্রাণে আগুন জ্বলে।
আসিল গোঁসাই[৫] ব্যাকুল হয়ে
প্রেমে ভরপুর ভকতি লয়ে।
আসিল প্রতাপ[৬] স্বভাব ধীর,

গম্ভীর বচন জ্ঞানে গভীর।
স্বল্পভাষী সাধু অঘোরনাথ[৭]
যোগমগ্ন মন দিবসরাত।
গৌরগোবিন্দের[৮] সাধক প্রাণ
হিন্দুশাস্ত্রে তাঁর অতুষ জ্ঞান।
কান্তিচন্দ্র[৯] সদা সেবায় রত
সেবাধর্ম তাঁর জীবন-ব্রত।
ত্রৈলোক্যনাথের[১০] সরস গান
নব নব ভাবে মাতায় প্রাণ।
আরো কত সাধু ধরমমতি
বঙ্গচন্দ্র[১১] আদি প্রচার-ব্রতী
একসাথে মিলি প্রেমের ভরে
প্রেমপরিবার গঠন করে।
কাল কিবা খাবে কেহ না জানে,
আকুল উৎসাহ সবার প্রাণে।
নূতন মন্দির নব সমাজ
নব ভাবে কত নূতন কাজ।
দিনে দিনে নব প্রেরণা পায়,
উৎসাহের স্রোত বাড়িয়া যায়।
সমাজ-চালনা বিধি-বিচার
কেশবের হাতে সকল ভার;
কেশবপ্রেরণা সবার মূলে
তাঁর নামে সবে আপনা ভুলে।
ধন্য ব্রহ্মানন্দ যাঁহার বাণী
শিরে ধরে লোকে প্রমাণ মানি।
যাঁহার সাধনা আজিও হেরি
রয়েছে সমাজ জীবন ঘেরি;
যাঁহার মূরতি স্মরণ করি,
যাঁহার জীবন হৃদয়ে ধরি,
শত শত লোকে প্রেরণা পায়—

আজি ভক্তিভরে প্রণমি তাঁয়।
আবার বহিল নূতন ধারা,
সমাজের প্রাণে বাজিল সাড়া;
ভাসি বহুজনে সে নব স্রোতে
বাহির হইল নূতন পথে।
মিলি অনুরাগে যতন ভরে
এই "সাধারণ" সমাজ গড়ে।
ওদিকে কেশব নূতন বলে
বাঁধিল আবার আপন দলে
নব ভাবে "নববিধান" গড়ি,
নূতন সংহিতা রচনা করি,
ভগ্নদেহ লয়ে অবশপ্রায়,
খাটিতে খাটিতে ত্যজিল কায়।

৬

ধরি নব পথ নূতন ধারা
নবীন প্রেরণে আসিল যারা
আজি তাঁহাদের চরণ ধরি
ভক্তিভরে সবে স্মরণ করি।
শাস্ত্রী শিবনাথ সকল ফেলি
বিষয় বাসনা চরণে ঠেলি
বহু নির্যাতন বহিয়া শিরে,
অনুরাগে ভাসি নয়ন নীরে,
সর্বত্যাগী হয়ে ব্যাকুল প্রাণে
ছুটে আসে ওই কিসের টানে?
দেখ ওই চলে পাগলমত
ভক্তশ্রেষ্ঠ বীর বিনয়নত,
বিজয় গোঁসাই সরল প্রাণ—
হেরি আজি তাঁর প্রেম বয়ান।
সাধু রামতনু[১২] জ্ঞানে প্রবীণ,
শিশুর মতন চির নবীন।
শিবচন্দ্র দেব সুধীর মন,
কর্মনিষ্ঠাময় সাধু জীবন।
নগেন্দ্রনাথের[১৩] যুকতি বাণে
কূট তর্ক যত নিমেষে হানে।
আনন্দমোহন[১৪] প্রেমে উদার
আনন্দ মোহন মুরতি যার।
উমেশচন্দ্রের[১৫] জীবন মন,
নীরব সাধনে সদা মগন।
দুর্গামোহনের[১৬] জীবনগত

সমাজের সেবা দানের ব্রত।
দ্বারকানাথেরে[১৭] স্মরণ হয়
ন্যায়ধর্মে বীর অকুতোভয়।
পূর্ববঙ্গে হোথা সাধক কত
নবধর্ম বাণী প্রচারে রত।
সংসারে নির্লিপ্ত ভাবুক প্রাণ
সার্থক প্রচারে কালীনারা'ণ[১৮]—
কত নাম কব, কত যে জ্ঞানী,
কত ভক্ত সাধু যোগী ধ্যানী;
কত মধুময় প্রেমিক মন,
আড়ম্বরহীন সেবকজন;
আসিল হেথায় আকাশ ভরে
সবার যতনে সমাজ গড়ে।
এই যে মন্দির, হেরিছ যার
ইঁট কাঠময় স্থূল আকার;
ইহারি মাঝারে কত যে স্মৃতি,
কত আকিঞ্চন সমাজপ্রীতি,
ব্যাকুল ভাবনা দিবসরাত
বিনিদ্র সাধনে জীবনপাত।
বহু কর্মময় এই সমাজ,
সে সব কাহিনী না কব আজ,—
আজিকে কেবল স্মরণে আনি
ব্রাহ্মসমাজের মহান্ বাণী।
যে বাণী শুনিনু রাজার মুখে,
মহর্ষি যাহারে ধরিল বুকে,
কেশব সে বাণী প্রচার করে—
স্মরি আজ তাহা ভকতি ভরে।
রক্তাক্ষরে লিখা যে-বাণী রটে
এই সমাজের জীবনপটে—
"স্বাধীন মানবহৃদয়তলে
বিবেকের শিখা নিয়ত জ্বলে।
গুরুর আদেশ সাধুর বাণী

ইহার উপরে কারে না মানি।”
স্বাধীন মনের এই সমাজ
মুক্ত ধর্মলাভ ইহার কাজ।
হেথায় সকল বিরোধ ঘুচি
রবে নানা মত নানান্ রুচি,
কাহারো রচিত বিধি বিধান
রুপিবে না হেথা কাহারো প্রাণ।
প্রতি জীবনের বিবেগ ভাতি
সবার জীবনের জ্বলিবে বাতি।
নরনারী হেথা মিলিয়া সবে
সম অধিকারে আসন লভে।
‘প্রেমেতে বিশাল, জ্ঞানে গভীর,
চরিত্রে সংযত, করমে বীর;
ঈশ্বরে ভকতি, মানবে প্রীতি’,—
হেথা মানুষের জীবন নীতি।
ফুরাল কি সব হেথায় আসি?
আসিবে না প্রেম জড়তা নাশি?
জাগিবে না প্রাণ ব্যাকুল হয়ে,
নব নব বাণী জীবনে লয়ে?
জ্বলিবে না নব সাধন শিখা?
নব ইতিহাস হবে না লিখা?
চিররুদ্ধ রবে পূজার দ্বার?
আসিবে না নব পূজারী আর?
কোথাও আশার আলো কি নাহি?
শুধাই সবার বদন চাহি।

১ রামমোহন রায় ২ রামচন্দ্র বিদ্যাবাগীশ ৩ দেবেন্দ্রনাথ ঠাকুর ৪ কেশবচন্দ্র সেন ৫ বিজয়কৃষ্ণ গোস্বামী ৬ প্রতাপচন্দ্র মজুমদার ৭ অঘোরনাত গুপ্ত ৮ গৌরগোবিন্দ রায় ৯ কান্তিচন্দ্র মিত্র ১০ ত্রৈলোক্যনাথ সান্যাল ১১ বঙ্গচন্দ্র রায় ১২ রামতনু লাহিড়ী ১৩ নগেন্দ্রনাথ চট্টোপাধ্যায় ১৪ আনন্দমোহন বসু ১৫ উমেশচন্দ্র দত্ত ১৬ দুর্গামোহন দাস ১৭ দ্বারকানাথ গঙ্গোপাধ্যায় ১৮ কালীনারায়ণ গুপ্ত

অন্যান্য কবিতা

মেঘ

সাগর যেথা লুটিয়ে পড়ে নতুন মেঘের দেশে—
আকাশ-ধোয়া নীল যেখানে সাগর জলে মেশে।
মেঘের শিশু ঘুমায় সেথা আকাশ-দোলায় শুয়ে—
ভোরের রবি জাগায় তারে সোনার কাঠি ছুঁয়ে।
সন্ধ্যা সকাল মেঘের মেলা—কূলকিনারা ছাড়ি,
রং বেরঙের পাল তুলে দেয় দেশবিদেশে পাড়ি।
মাথায় জটা, মেঘের ঘটা আকাশ বেয়ে ওঠে,
জোছ্না রাতে চাঁদের সাথে পাল্লা দিয়ে ছোটে।
কোন্ অকূলের সন্ধানেতে কোন্ পথে যায় ভেসে—
পথহারা কোন্ গ্রামের পরে নাম-জানা-নেই-দেশে।
ঘূর্ণীপথের ঘোরের নেশা দিক্‌বিদিকে লাগে,
আগল ভাঙা পাগল হাওয়া বাদল রাতে জাগে;
ঝড়ের মুখে স্বপন টুটে আঁধার আসে ঘিরে!
মেঘের প্রাণে চমক হানে আকাশ চিরে চিরে!
বুকের মাঝে শঙ্খ বাজে— দুন্দুভি দেয় সাড়া!
মেঘের মরণ ঘনিয়ে নামে মত্ত বাদল ধারা।

দিনের হিসাব

ভোর না হতে পাখিরা জোটে গানের চোটে ঘুমটি ছোটে—
চোখ্‌টি খোলো, গাত্র তোলো,— আরে মোলো, সকাল হলো।
হায় কি দশা পড়্‌তে বসা, অঙ্ক কষা, কলম ঘষা,—
দশটা হলে হট্টগোলে দৌড়ে চলে বই বগলে!
স্কুলের পড়া বিষম তাড়া, কানটি নাড়া বেঞ্চে দাঁড়া,
মরে কি বাঁচে! সমুখে পাছে বেত্র নাচে নাকের কাছে।।
খেল্‌তে যে জায় খেল্‌বে কি ছাই বৈকেলে হায় সময় কি পায়?
খেলাটি ক্রমে যেন্নি জমে দখিনে বামে সন্ধ্যা নামে;
ভাঙ্‌ল মেলা সাধের খেলা—আবার ঠেলা সন্ধ্যাবেলা—
মুখ্‌টি হাঁড়ি তাড়াতাড়ি দিচ্ছে পাড়ি যে যার বাড়ি।
ঘুমের ঝোঁকে ঝাপ্‌সা চোখে ক্ষীণ আলোকে অঙ্ক টোকে;
ছুটি পাবার সুযোগ আবার আয় রবিবার হপ্তা কাবার!

নূতন বৎসর

'নূতন বছর! নূতন বছর!' সবাই হাঁকে সকাল সাঁঝে,
আজকে আমার সূর্যি মামার মুখটি জাগে মনের মাঝে।
মুস্কিলাসান্ করলে মামা, উস্কিয়ে তার আগুনখানি,
ইস্কুলেতে লাগ্‌ল তালা, থাম্‌ল সাধের পড়ার ঘানি।

এক্‌জামিনের বিষম্ ঠেলা চুক্‌ল রে ভাই, ঘুচ্‌ল জ্বালা,
নূতন সালের নূতন তালে হোক্ তবে আজ 'হকির' পালা।
কোন্‌খানে কোন্ মেজের কোণে, কলম কানে, চশমা নাকে,
বিরামহারা কোন্ বেচারা দেখেন কাগজ, ভয় কি তাঁকে?

অঙ্কে দিবেন হকির গোলা, শঙ্কা ত নাই তাহার তরে,
তঙ্কা হাজার মিলুক তাঁহার, ডঙ্কা মেরে চলুন ঘরে।
দিনেক যদি জোটেন খেলায় সাঁঝের বেলায় মাঠের মাঝে,
'গোল্লা' পেয়ে ঝোল্লা ভরে আবার না হয় যাবেন কাজে!

আয় তবে আয়, নবীন বরষ! মলয় বায়ের দোলায় দুলে,
আয় সঘনে গগন বেয়ে, পাগলা ঝড়ের পালটি তুলে।
আয় বাংলার বিপুল মাঠে শ্যামল ধানের ঢেউ খেলিয়ে,
আয়রে সুখের ছুটির দিনে আম-কাঁটালের খবর নিয়ে!

আয় দুলিয়ে তালের পাখা, আয় বিছিয়ে শীতল ছায়া,
পাখির নীড়ে চাঁদের হাটে আয় জাগিয়ে মায়ের মায়া।
তাতুক না মাঠ, ফাটুক না কাঠ, ছুটুক না ঘাম নদীর মত,
জয় হে তোমার, নূতন বছর! তোমার যে গুণ, গাইব কত?

পুরান বছর মলিন মুখে যায় সকলের বালাই নিয়ে,
ঘুচ্‌ল কি ভাই মনের কালি সেই বুড়োকে বিদায় দিয়ে?
নূতন সালে নূতন বলে, নূতন আশায়, নূতন সাজে,
আয় দয়ালের নাম লয়ে ভাই, যাই সকলে যে যার কাজে!

লোভী ছেলে

কি ভেবে যে আপন মনে
হাসি আসে ঠোঁটের কোণে,—

আধ আধ ঝাপ্‌সা বুলি
কোন কথা কয়না খুলি।

বসে বসে একলা নিজে
লোভী ছেলে ভাবেন কি যে—

শুধু শুধু চামচ চেটে
মনে মনে সাধ কি মেটে?

একটুখানি মিষ্টি দিয়ে
রাখ আমায় চুপ করিয়ে,

নৈলে পরে চেঁচিয়ে জোরে
তুলব বাড়ি মাথায় ক'রে।

আবোলতাবোল

এক যে ছিল রাজা—(থুড়ি,
রাজা নয় সে ডাইনি বুড়ি)!
তার যে ছিল ময়ূর—(না না,
ময়ূর কিসের? ছাগল ছানা)।
উঠানে তার থাক্‌ত পোঁতা—
—(বাড়িই নেই, তার উঠান কোথা)?
শুনেছি তার পিশ্‌তুতো ভাই—
—(ভাই নয়ত, মামা-গোঁসাই)।
বল্‌ত সে তার শিষ্যটিরে—
—(জন্ম-বোবা, বল্‌বে কিরে)।
যা হোক, তারা তিনটি প্রাণী—
—(পাঁচটি তারা, সবাই জানি)!
থও না বাপু, খ্যাঁচাখেঁচি
—(আচ্ছা বল, চুপ করেছি)।।
তারপরে সেই সন্ধ্যাবেলা,
যেম্নি না তার ওষুধ গেলা,
অম্‌নি তেড়ে জটায় ধরা—
—(কোথায় জটা? টাক যে ভরা!)
হোক্ না টেকো তোর তাতে কি?
গোম্‌রামুখো মুখ্যু ঢেঁকি!
ধরব ঠেসে টুঁটির পরে
পিট্‌ব তোমার মুণ্ডু ধরে।
এখন বাছা পালাও কোথা?
গল্প বলা সহজ কথা?

কানে খাটো বংশীধর

কানে খাটো বংশীধর যায় মামাবাড়ি,
গুনগুনে গান গায় আর নাড়ে দাড়ি।।
চলেছে সে একমনে ভাবে ভরপুর,
সহসা বাজিল কানে সুমধুর সুর।।
বংশীধর বলে, "আহা, না জানি কি পাখি
সুদূরে মধুর গায় আড়ালেতে থাকি।।
দেখ, দেখ সুরে তার কত বাহাদুরি,
কালোয়াতি গলা যেন খেলে কারিকুরি।।"
এদিকে বেড়াল ভাবে, "এযে বড় দায়,
প্রাণ যদি থাকে তবে ল্যাজখানি যায়।।
গলা ছেড়ে চেঁচামেচি এত করি হায়,
তবু যে ছাড়ে না বেটা, কি করি উপায়।।
আর তো চলে না সহা এত বাড়াবাড়ি,
যা থাকে কপালে দেই এক থাবা মারি।।"
বংশীধর ভাবে, "একি! বেসুরো যে করে,
গলা গেছে ভেঙে তাই 'ফ্যাঁস্' সুর ধরে।।"
হেনকালে বেরসিক বেড়ালের চাঁটি,
একেবারে সব গান করে দিল মাটি।

অন্ধ মেয়ে

গভীর কালো মেঘের পরে রঙিন্ ধনু বাঁকা,
রঙের তুলি বুলিয়ে মেঘে খিলান যেন আঁকা!
সবুজ ঘাসে রোদের পাশে আলোর কেরামতি
রঙিন্ বেশে রঙিন্ ফুলে রঙিন্ প্রজাপতি!

অন্ধ মেয়ে দেখ্ছে না তা— নাইবা যদি রেখে—
শীতল মিঠা বাদল হাওয়া যায় যে তারে ডেকে!
শুনছে সে যে পাখির ডাকে হরয কোলাকুলি
মিষ্টি ঘাসের গন্ধে তারও প্রাণ গিয়েছে ভুলি!

দুঃখ সুখের ছন্দে ভরা জগৎ তারও আছে,
তারও আঁধার জগৎখানি মধুর তারি কাছে।।

সাহস!

পুলিশ দেখে ডরাইনে আর, পালাইনে আর ভয়ে,
আরশুলা কি ফড়িং এলে থাক্‌তে পারি সয়ে।
আঁধার ঘরে ঢুকতে পারি এই সাহসের গুণে,
আর করে না বুক দুর্‌ দুর্‌ জুজুর নামটি শুনে।
রাত্তিরেতে একলা শুয়ে তাও ত থাকি কত,
মেঘ ডাকলে চেঁচাইনেকো আহাম্মুকের মত।
মামার বাড়ির কুকুর দুটোর বাঘের মত চোখ,
তাদের আমি খাবার খাওয়াই এম্‌নি আমার রোখ্‌!
এম্‌নি আরো নানান্‌ দিকে সাহস আমার খেলে
সবাই বলে "খুব বাহাদুর" কিংবা "সাবাস্‌ ছেলে"।
কিন্তু তবু শীতকালেতে সকালবেলায় হেন
ঠাণ্ডা জলে নাইতে হ'লে কান্না আসে কেন?
সাহস টাহস সব যে তখন কোন্‌খানে যায় উড়ে—
ষাঁড়ের মতন কণ্ঠ ছেড়ে চেঁচাই বিকট সুরে!

ও বাবা!

পড়তে বসে মুখের পরে কাগজখানি থুয়ে
রমেশ ভায়া ঘুমোয় পড়ে আরাম ক'রে শুয়ে।
শুনছ নাকি ঘড়র্ ঘড়র্ নাক ডাকান ধূম?
সখ যে বড় বেজায় দেখি—দিনের বেলায় ঘুম!

বাতাস পোরা এই যে থলি দেখ্‌ছ আমার হাতে,
দুড়ুম ক'রে পিট্‌লে পরে শব্দ হবে তাতে।
রমেশ ভায়া আঁৎকে উঠে পড়্‌বে কুপোকাৎ
লাগাও তবে—ধূমধড়াক্কা! ক্যাবাৎ! ক্যাবাৎ!

ও বাবারে! এ কেরে ভাই? মারবে নাকি চাঁটি?
আমি ভাবছি রমেশ বুঝি! সব করেছে মাটি!
আবার দেখ চোখ পাকিয়ে আস্‌ছে আমায় তেড়ে—
আর কেন ভাই? দৌড়ে পালাই, প্রাণের আশা ছেড়ে!

আজব খেলা

সোনার মেঘে আল্‌তা ঢেলে সিঁদুর মেখে গায়
সকাল সাঁঝে সূর্যি মামা নিত্যি আসে যায়।

নিত্যি খেলে রঙের খেলা আকাশ ভ'রে ভ'রে
আপন ছবি আপনি মুছে আঁকে নূতন ক'রে।

ভোরের ছবি মিলিয়ে দিল দিনের আলো জ্বেলে
সাঁঝের আঁকা রঙিন ছবি রাতের কালি ঢেলে।

আবার আঁকে আবার মোছে দিনের পরে দিন
আপন সাথে আপন খেলা চলে বিরামহীন।

ফুরায় না কি সোনার খেলা? রঙের নাহি পার?
কেউ কি জানে কাহার সাথে এমন খেলা তার?

সেই খেলা, যে ধরার বুকে আলোর গানে গানে
উঠ্‌ছে জেগে—সেই কথা কি সূর্যি মামা জানে?

ছুটি

ঘুচবে জ্বালা পুঁথির পালা ভাবছি সারাক্ষণ—
পোড়া স্কুলের পড়ার পরে আর কি বসে মন?
দশটা থেকেই নষ্ট খেলা, ঘণ্টা হতেই শুরু
প্রাণটা করে 'পালাই পালাই' মনটা উড়ু উড়ু—
পড়ার কথা খাতায় পাতায়, মাথায় নাহি ঢোকে!
মন চলে না— মুখ চলে যায় আবোলতাবোল ব'কে!
কানটা ঘোরে কোন্ মুলুকে হুঁশ থাকে না তার,
এ কান দিয়ে ঢুকলে কথা, ও কান দিয়ে পার।
চোখ থাকে না আর কিছুতেই, কেবল দেখে ঘড়ি;
বোর্ডে আঁকা অঙ্ক ঠেকে আঁচড়কাটা খড়ি।
কল্পনাটা স্বপ্নে চ'ড়ে ছুটছে মাঠে ঘাটে—
আর কি রে মন বাঁধন মানে? ফিরতে কি চায় পাঠে?
পড়ার চাপে ছট্‌ফটিয়ে আর কিরে দিন চলে?
ঝুপ ক'রে মন ঝাঁপ দিয়ে পড়্ ছুটির বন্যাজলে।

বেজায় খুসি

বাহবা বাবুলাল! গেলে যে হেসে!
বগলে কাতুকুতু কে দিল এসে?
এদিকে মিটিমিটি দেখ কি চেয়ে?
হাসি যে রাঙা ঠোঁট দন্ত মেলে
চোখের কোণে কোণে বিজলী খেলে।
হাসির রসে গ'লে ঝরে যে লালা
কেন এ খি-খি-খি-খি হাসির পালা?
যে দেখে সেই হাসে হাহাহা হাহা
বাহবা বাবুলাল বাহবা বাহা!

লক্ষ্মী

হাত-পা-ভাঙা নোংরা পুতুল মুখটি ধুলোয় মাখা,
গাল দুটি তার খাবলা-মতন চোখ দুটি তার ফাঁকা,—

কোথায় বা তার চুল বিনুনি কোথায় বা তার মাথা,
আধখানি তার ছিন্ন জামা, গায় দিয়েছে কাঁথা।

পুতুলের মা ব্যস্ত কেবল তার সেবাতেই রত
খাওয়ান শোয়ান আদর করেন ঘুম ডেকে দেন কত।

বলতে গেলাম "বিশ্রী পুতুল" অম্‌নি বলেন রেগে—
"লক্ষ্মী পুতুল, জ্বর হয়েছে তাইত এখন জেগে।"

দ্বিগুণ জোরে চাপড়ে দিল 'আয় আয় আয়' ব'লে—
নোংরা পুতুল লক্ষ্মী হ'য়ে পড়ল ঘুমে ঢুলে!

আয়রে আলো আয়

পূব গগনে রাত পোহালে,
ভোরের কোণে লাজুক আলো, নয়ন মেলে চায়।
আকাশতলে ঝলক জ্বলে,
মেঘের শিশু খেলার ছলে আলোক মাখে গায়।।
সোনার আলো, রঙিন্ আলো,
স্বপ্নে আঁকা নবীন আলো— আয়রে আলো আয়।
আয়রে নেমে আঁধার পরে,
পাষাণ কালো ধৌত ক'রে আলোর ঝরণায়।।
ঘুম ভাঙান পাখির তানে
জাগ্‌রে আলো আকুল গানে, অকূল নীলিমায়।
আলসভরা আঁখির কোণে,
দুঃখ ভয়ে আঁধার মনে, আয়রে আলো আয়।।

মনের মতন

কান্না হাসির পোঁটলা বেঁধে, বর্ষাভরা পুঁজি,
বৃদ্ধ বছর উধাও হ'ল ভুতের মুলুক খুঁজি।

নূতন বছর এগিয়ে হাত পাতে ঐ দ্বারে,
বল্ দেখি মন, মনের মতন কি দিবি তুই তারে?

আর কি দিব?— মুখের হাসি, ভরসা ভরা প্রাণ,
সুখের মাঝে দুখের মাঝে আনন্দময় গান।

আলোছায়া

হোক্ না কেন যতই কালো
এমন ছায়া নাইরে নাই—
লাগ্‌লে পরে রোদের আলো
পালায় না যে আপ্‌নি ভাই!

শুষ্কমুখে আঁধার ধোঁয়া
কঠিন হেন কোথায় বল্,
লাগ্‌লে যাতে হাসির ছোঁয়া
আপ্‌নি গলে হয় না জল।।

মেঘের খেয়াল

আকাশের ময়দানে বাতাসের ভরে,
ছোটো বড়ো সাদা কালো কত মেঘ চরে।
কচি কচি থোপা থোপা মেঘেদের ছানা
হেসে খেলে ভেসে যায় মেলে কচি ডানা।
কোথা হতে কোথা যায় কোন্ তালে চলে,
বাতাসের কানে কানে কত কথা বলে।

বুড়ো বুড়ো ধাড়ি মেঘ ঢিপি হয়ে উঠে—
শুয়ে ব'সে সভা করে সারাদিন জুটে।
কি যে ভাবে চুপ্‌চাপ্, কোন্ ধ্যানে থাকে,
আকাশের গায়ে গায়ে কত ছবি আঁকে।
কত আঁকে কত মোছে, কত মায়া করে,
পলে পলে কত রং কত রূপ ধরে।

জটাধারী বুনো মেঘ ফোঁস ফোঁস ফোলে
গুরুগুরু ডাক ছেড়ে কত ঝড় তোলে।
ঝিলিকের ঝিকিমিকি চোখ করে কানা,
হড়্ হড়্ কড়্ কড়্ দশদিকে হানা।
ঝুল্-কালো চারিধার, আলো যায় ঘুচে,
আকাশের যত নীল সব দেয় মুছে।

কত বড়

ছোট্ট সে একরতি ইঁদুরের ছানা,
ফোটে নাই চোখ তার, একেবারে কানা।
ভাঙা এক দেরাজের ঝুল্‌মাখা কোণে
মার বুকে শুয়ে শুয়ে মার কথা শোনে।

যেই তার চোখ ফোটে সেই দেখে চেয়ে—
দেরাজের ভারি কাঠ চারিদিক ছেয়ে।
চেয়ে বলে, মেলি তার গোল গোল আঁখি—
"ওরে বাবা! পৃথিবীটা এত বড়ো নাকি?"

আদুরে পুতুল

যাদুরে আমার আদুরে গোলাপ, নাকটি নাদুস থোপ্‌না গাল,
ঝিক্‌মিকি চোখ মিট্‌মিটি চায়, ঠোঁট দুটি তায় টাট্‌কা লাল।
মোমের পুতুল ঘুমিয়ে থাকুক্ দাঁত মেলে আর চুল খুলে—
টিনের পুতুল চীনের পুতুল কেউ কি এমন তুলতুলে?
গোব্‌দা গড়ন এম্‌নি ধরন আব্‌দারে কেউ ঠোঁট ফুলোয়?
মখমলি রং মিষ্টি নরম— দেখ্‌ছ কেমন হাত বুলোয়!
বল্‌বি কি বল্ হাব্‌লা পাগল আবোল তাবোল কান ঘেঁষে
ফোক্‌লা গদাই যা বল্‌বি তাই ছাপিয়ে পাঠাই "সন্দেশ"।

ভারি মজা

এই নেয়েছ, ভাত খেয়েছ, ঘণ্টাখানেক হবে—
আবার কেন হঠাৎ হেন নামলে এখন টবে?
এক্‌লা ঘরে ফূর্তি ভরে লুকিয়ে দুপুরবেলা,
স্নানের ছলে ঠান্ডা জলে জল-ছপ্‌ছপ্‌ খেলা।
জল ছিটিয়ে, টব পিটিয়ে ভাবছ, "আমোদ ভারি,—
কেউ কাছে নাই, যা খুশি তাই করতে এখন পারি।"
চুপ্‌ চুপ্‌ চুপ্‌— ঐ দুপ্‌ দুপ্‌! ঐ জেগেছে মাসি,
আসছে ধেয়ে, শুনতে পেয়ে দুষ্টু মেয়ের হাসি।

নাচন

নাচ্ছি মোরা মনের সাথে গাচ্ছি তেড়ে গান
হুলো মেনী যে যার গলার কালোয়াতীর তান।
নাচ্ছি দেখে চাঁদা মামা হাস্‌ছে ভরে গাল
চোখটি ঠেরে ঠাট্টা করে দেখ্‌না বুড়োর চাল।

বিচার

ইঁদুর দেখে মাম্‌দো কুকুর বল্‌লে তেড়ে হেঁকে—
"বল্‌ব কি আর, বড়ই খুশি হলেম তোরে দেখে।
আজকে আমার কাজ কিছু নেই, সময় আছে মেলা,
আয় না খেলি দুইজনাতে মোকদ্দমা খেলা।
তুই হবি চোর, তোর নামেতে করব নালিশ রুজু"—
"জজ্‌ কে হবে?" বল্‌লে ইঁদুর, বিষম ভয়ে জুজু,
"কোথায় উকিল প্যায়দা পুলিশ, বিচার কিসে হবে?"
মাম্‌দো বলে, "তাও জানিস্‌নে?শোন্‌ বলে দেই তবে।
আমিই হব উকিল হাকিম, আমিই হব জুরি,
কান ধ'রে তোর বল্‌ব, 'ব্যাটা, ফের করেছিস্‌ চুরি?'
সটান দেব ফাঁসির হুকুম অম্‌নি একেবারে—
বুঝ্‌বি তখন চোর বাছাধন বিচার বলে কারে।"

ছিটেফোঁটা

তিন বুড়ো পণ্ডিত টাকচুড়ো নগরে
চ'ড়ে এক গাম্‌লায় পাড়ি দেয় সাগরে।
গাম্‌লাতে ছেঁদা ছিল আগে কেউ দেখনি,
গানখানি তাই মোর থেমে গেল এখনি।।

"ম্যাও ম্যাও হুলোদাদা, তোমার যে দেখা নাই?"
"গেছিলাম রাজপুরী রানীমার সাথে ভাই!"
"তাই নাকি? বেশ বেশ, কি দেখেছ সেখানে?"
"দেখেছি ইঁদুর এক রানীমার উঠানে।।"

গাধাটার বুদ্ধি দেখ!— চটি মেরে সে নিজের গালে,
কে মেরেছে দেখবে বলে চড়্‌তে গেছে ঘরের চালে।

ছোটো ছোটো ছেলেগুলো কিসে হয় তৈরি,
—কিসে হয় তৈরি?
কাদা আর কয়লা, ধুলো মাটি ময়লা,
এই দিয়ে ছেলেগুলো তৈরি।
ছোটো ছোটো মেয়েগুলি কিসে হয় তৈরি,
—কিসে হয় তৈরি?
ক্ষীর ননী চিনি আর ভাল যাহা দুনিয়ার
মেয়েগুলি তাই দিয়ে তৈরি।।

রং হল চিঁড়েতন, সব গেল ঘুলিয়ে,
গাধা যায় মামাবাড়ি টাকে হাত বুলিয়ে।
বেড়াল মরে বিষম খেয়ে, চাঁদের ধর্‌ল মাথা,
হঠাৎ দেখি ঘরবাড়ি সব ময়দা দিয়ে গাঁথা।।

ইংরেজি ছড়ার আভাসে রচিত

বন্দনা

নমি সত্য সনাতন নিত্য ধনে,
নমি ভক্তিভরে নমি কায়মনে।
নমি বিশ্বচরাচর লোকপতে
নমি সর্বজনাশ্রয় সর্বগতে।
নমি সৃষ্টি-বিধারণ শক্তিধরে,
নমি প্রাণপ্রবাহিত জীব জড়ে।
তব জ্যোতিবিভাসিত বিশ্বপটে
মহাশূন্যতলে তব নাম রটে।
কত সিন্ধুতরঙ্গিত ছন্দ ভরে
কত স্তব্ধ হিমাচল ধ্যান করে।
কত সৌরভ সঞ্চিত পুষ্পদলে
কত সূর্য বিলুণ্ঠিত পাদতলে।
কত বন্দনঝঙ্কৃত ভক্তচিতে
নমি বিশ্ব বরাভয় মৃত্যুজিতে।

খোকা ঘুমায়

কোন্‌খানে কোন্ সুদূর দেশে, কোন্ মায়ের বুকে,
কাদের খোকা মিষ্টি এমন ঘুমায় মনের সুখে?
অজানা কোন্ দেশে সেথা কোন্‌খানে তার ঘর?
কোন্ সমুদ্র, কত নদী, কত দেশের পর?
কেমন সুরে, কি ব'লে মা ঘুমপাড়ানি গানে
খোকার চোখে নিত্যি সেথা ঘুমটি ডেকে আনে?
ঘুমপাড়ানি মাসীপিসী তাদেরও কি থাকে?
"ঘুম্‌টি দিয়ে যাওগো" ব'লে মা কি তাদের ডাকে?
শেয়াল আসে বেগুন খেতে, বর্গি আসে দেশে?
ঘুমের সাথে মিষ্টি মধুর মায়ের সুরটি মেশে?
খোকা জানে মায়ের মুখটি সবার চেয়ে ভালো,
সবার মিষ্টি মায়ের হাসি, মায়ের চোখের আলো।
স্বপন মাঝে ছায়ার মত মায়ের মুখটি ভাসে,
তাইতে খোকা ঘুমের ঘোরে আপন মনে হাসে।

খোকার ভাবনা

মোমের পুতুল লোমের পুতুল আগ্‌লে ধ'রে হাতে
তবুও কেন হাব্‌লা ছেলের মন ওঠে না তাতে?
একলা জেগে একমনেতে চুপ্‌টি ক'রে ব'সে,
আন্‌মনা সে কিসের তরে আঙুলখানি চোষে?
নাইকো হাসি নাইকো খেলা নাইকো মুখে কথা,
আজ সকালে হাব্‌লাবাবুর মন গিয়েছে কোথা?
ভাব্‌ছে বুঝি দুধের বোতল আস্‌ছে নাকো কেন?
কিংবা ভাবে মায়ের কিসে হচ্ছে দেরী হেন।
ভাব্‌ছে এবার দুধ খাবে না কেবল খাবে মুড়ি,
দাদার সাথে কোমর বেঁধে করবে হুড়োহুড়ি,
ফেল্‌বে ছুঁড়ে চামচটাকে পাশের বাড়ির চালে,
না হয় তেড়ে কামড়ে দেবে দুষ্টু দাদুর গালে।
কিংবা ভাবে একটা কিছু ঠুকতে যদি পেতো—
পুতুলটাকে করত ঠুকে এক্কেবারে থেঁতো।

বুঝবার ভুল

এমনি পড়ায় মন বসেছে, পড়ার নেশায় টিফিন ভোলে।
সাম্‌নে গিয়ে উৎসাহ দেই মিষ্টি দুটো বাক্য বলে।

পড়্‌ছ বুঝি? বেশ বেশ বেশ! এক মনেতে পড়্‌লে পরে
"লক্ষ্মীছেলে—সোনার ছেলে" বলে সবাই আদর করে।

এ আবার কি? চিত্র নাকি? বাঁদর পাজি লক্ষ্মীছাড়া—
আমায় নিয়ে রংতামাসা! পিটিয়ে তোমায় কর্‌ছি খাড়া।

‘ভালো ছেলের’ নালিশ

মাগো! প্রসন্নটা দুষ্টু এমন! খাচ্ছিল সে পরোটা
গুড় মাখিয়ে, আরাম ক’রে ব’সে—
আমায় দেখে একটা দিল, নয়কো তাও বড়টা,
দুইখানা সে আপনি খেল ক’ষে!
তাইতে আমি কান ধ’রে তার একটুখানি পেঁচিয়ে
কিল মেরেছি ‘হ্যাংলা ছেলে’ বলে—
অম্‌নি কিনা মিথ্যে করে ষাঁড়ের মত চেঁচিয়ে
গেল সে তার মায়ের কাছে চলে!
মাগো! এম্‌নিধারা শয়তানি তার, খেল্‌তে গেলাম দুপুরে,
বল্‌ল, ‘এখন খেল্‌তে আমার মানা’—
ঘণ্টাখানেক পরেই দেখি দিব্যি ছাতের উপরে
ওড়াচ্ছে তার সবুজ ঘুড়িখানা।
তাইতে আমি দৌড়ে গিয়ে ঢিল মেরে আর খুঁচিয়ে
ঘুড়ির পেটে দিলাম ক’রে ফুটো—
আবার দেখ বুক ফুলিয়ে সটান্ মাথা উঁচিয়ে
আন্‌ছে কিনে নতুন ঘুড়ি দুটো!

ছবি ও গল্প

ছবির টানে গল্প লিখি নেইক এতে ফাঁকি
যেমন ধারা কথায় শুনি হুবহু তাই আঁকি।

পরীক্ষায় গোল্লা পেয়ে হাবু ফেরেন বাড়ি

চক্ষু দুটি ছানাবড়া মুখখানি তার হাঁড়ি

রাগে আগুন হলেন বাবা সকল কথা শুনে

আচ্ছা ক'রে পিটিয়ে তারে দিলেন তুলো ধুনে

মারের চোটে চেঁচিয়ে বাড়ি মাথায় করে তোলে

শুনে মায়ের বুক ফেটে যায় 'হায় কি হল' ব'লে

পিসী ভাসেন চোখের জলে কুট্‌নো কোটা ফেলে

আহ্লাদেতে পাশের বাড়ি আটখানা হয় ছেলে।

বেজায় রাগ

ও হাড়্‌গিলে, হাড়্‌গিলে ভাই, খাপ্পা বড্ড আজ!
ঝগড়া কি আর সাজে তোমার? এই কি তোমার যোগ্য কাজ?
হোম্‌রা চোম্‌রা মান্য তোমরা বিদ্যেবুদ্ধি মর্যাদায়
ওদের সঙ্গে তর্ক করছ—নাই কি কোন লজ্জা তায়?
জান্‌ছ নাকি বল্‌ছে ওরা? "কিচির মিচির কিচ্চিরি,"
অর্থাৎ কিনা, তোমার নাকি চেহারাটা বিচ্ছিরি!
বল্‌ছে, আচ্ছা বলুক, তাতে ওদেরই ত মুখ ব্যথা,
ঠ্যাটা লোকের শাস্তি যত, ওরাই শেষে ভুগ্‌বে তা।
ওরা তোমায় খোঁড়া বলছে? বেয়াদব ত খুব দেখি!
তোমার পায়ে বাতের কষ্ট— ওরা সেসব বুঝবে কি?
তাই বলে কি নাচ্‌বে রাগে? উঠ্‌বে চ'টে চট্‌ ক'রে?
মিথ্যে আরো ত্যক্ত হবে ওদের সাথে টক্করে।
ঐ শোন কি বলছে আবার ক'চ্ছে কত বক্তৃতা—
বল্‌ছে তোমার নেড়া মাথায় ঘোল ঢালবে—সত্যি তা?
চড়াই পাখির বড়াই দেখ তোমায় দিচ্ছে টিট্‌কিরি—
বল্‌ছে তোমার মিষ্টি গলায় গান ধরত গিট্‌কিরি।
বল্‌ছে, তোমার কাঁথাটাকে 'রিফুকর্ম' করবে কি?
খোঁড়া ঠ্যাঙে নামবে জলে? আর কোলা ব্যাং ধরবে কি?
আর চটো না, আর শুনো না, ঠ্যাটা মুখের টিপ্পনি,
ওদের কথায় কান দিতে নেই স'রে পড় এক্ষনি।

বাবু

অতি খাসা মিহি সূতি
ফিন্‌ফিনে জামা ধুতি,
চরণে লপেটা জুতি জরিদার।

এ হাতে সোনার ঘড়ি,
ও হাতে বাঁকান ছড়ি,
আতরের ছড়াছড়ি চারিধার।

চক্‌চকে চুল ছাঁটা
তায় তোফা টেরিকাটা—
সোনার চশমা আঁটা নাসিকায়।

ঠোঁট দুটি এঁকে বেঁকে
ধোঁয়া ছাড়ে থেকে থেকে,
হালচাল দেখে দেখে হাসি পায়।

ঘোষেদের ছোটো মেয়ে
পিক্ ফেলে পান খেয়ে,
নিচু পানে নাহি চেয়ে, হায়রে।

সেই পিক থ্যাপ ক'রে
লেগেছে চাদর ভরে
দেখে বাবু কেঁদে মরে যায়রে।

ওদিকে ছ্যাকরা গাড়ি
ছুটে চলে তাড়াতাড়ি
ছিট্‌কিয়ে কাঁড়ি কাঁড়ি ঘোলাজল।

সহসা সে জল লাগে
জামার পিছন বাগে,
বাবু করে মহারাগে কোলাহল।।

শিশুর দেহ

চশমা-আঁটা পণ্ডিতে কয়, শিশুর দেহ দেখে—
"হাড়ের পরে মাংস গেঁথে, চামড়া দিয়ে ঢেকে,
শিরার মাঝে রক্ত দিয়ে, ফুসফুসেতে বায়ু,
বাঁধল দেহ সুঠাম করে পেশী এবং স্নায়ু।"
কবি বলেন, "শিশুর মুখে হেরি তরুণ রবি,
উৎসারিত আনন্দে তার জাগে জগৎ ছবি।
হাসিতে তার চাঁদের আলো, পাখির কলকল,
অশ্রুকণা ফুলের দলে শিশির ঢলঢল।"
মা বলেন, "এই দুরুদুরু মোর বুকেরই বাণী,
তারি গভীর ছন্দে গড়া শিশুর দেহখানি।
শিশুর প্রাণে চঞ্চলতা আমার অশ্রুহাসি,
আমার মাঝে লুকিয়েছিল এই আনন্দরাশি।
গোপনে কোন্ স্বপ্নে ছিল অজানা কোন্ আশা,
শিশুর দেহে মূর্তি নিল আমার ভালোবাসা।"

বিষম কাণ্ড

কর্তা চলেন, গিন্নী চলেন, খোকাও চলেন সাথে,
তড়্‌বড়িয়ে বুক ফুলিয়ে শুতে যাচ্ছেন রাতে।
তেড়ে হন্‌হন্‌ চলে তিনজন যেন পল্টন চলে,
সিঁড়ি উঠ্‌তেই, একি কাণ্ড! এ আবার কি বলে!
ল্যাজ লম্বা, কান গোল্‌ গোল্‌, তিড়িং বিড়িং ছোটে,
চোখ্‌ মিট্‌মিট্‌, কুটুস্‌ কাটুস্‌— এটি কোন্‌জন বটে!
হেই! হুস্‌! হ্যাস্‌! ওরে বাস্‌রে মতলবখান কিরে,
করলে তাড়া যায় না তবু, দেখ্‌ছে আবার ফিরে।
ভাবছে বুড়ো, করবো গুঁড়ো ছাতার বাড়ি মেরে,
আবার ভাবে ফস্‌কে গেলে কাম্‌ড়ে দেবে তেড়ে।
আরে বাপ্‌রে! বস্‌ল দেখ দুই পায়ে ভর ক'রে,
বুক দুর্‌ দুর্‌ বুড়ো ভল্লুর, মোমবাতি যায় প'ড়ে।
ভীষণ ভয়ে দাঁত কপাটি তিন মহাবীর কাঁপে,,
গড়িয়ে নামে, হুড়মুড়িয়ে সিঁড়ির ধাপে ধাপে।

আনন্দ

যে আনন্দ ফুলের বাসে, যে আনন্দ পাখির গানে,
যে আনন্দ অরুণ আলোয়, যে আনন্দ শিশুর প্রাণে,
যে আনন্দ বাতাস বহে, যে আনন্দ সাগরজলে,
যে আনন্দ ধূলির কণায়, যে আনন্দ তৃণের দলে,
যে আনন্দে আকাশ ভরা, যে আনন্দ তারায় তারায়,
যে আনন্দ সকল সুখে, যে আনন্দ রক্তধারায়,
সে আনন্দ মধুর হয়ে তোমার প্রাণে পড়ুক ঝরি,
সে আনন্দ আলোর মত থাকুক তব জীবন ভরি।

গ্রীষ্ম

সর্বনেশে গ্রীষ্ম এসে বর্ষশেষে রুদ্রবেশে
আপন ঝোঁকে বিষম রোখে আগুন ফোঁকে ধরার চোখে।
তাপিয়ে গগন কাঁপিয়ে ভুবন মাত্‌ল তপন নাচল পবন।
রৌদ্র ঝলে আকাশতলে অগ্নি জ্বলে জলেস্থলে।
ফেল্‌ছে আকাশ তপ্ত নিশাস ছুট্‌ছে বাতাস ঝলসিয়ে ঘাস,
ফুলের বিতান শুক্‌নো শ্মশান যায় বুঝি প্রাণ হায় ভগবান।
দারুণ তৃষায় ফির্‌ছে সবায় জল নাহি পায় হায় কি উপায়,
তাপের চোটে কথা না ফোটে হাঁপিয়ে ওঠে ঘর্ম ছোটে।
বৈশাখী ঝড় বাধায় রগড় করে ধড়্‌ফড়্ ধরার পাঁজর,
দশ দিক হয় ঘোর ধুলিময় জাগে মহাভয় হেরি সে প্রলয়,
করি তোলপাড় বাগান বাদাড় ওঠে বারবার ঘন হুঙ্কার,
শুনি নিয়তই থাকি থাকি ওই হাঁকে হৈ হৈ মাভৈ মাভৈঃ।

কিছু চাই?

কারোর কিছু চাই গো চাই?
এই যে খোকা, কি নেবে ভাই
জলছবি আর লাট্টু লাটাই
কেক বিস্কুট লাল দেশলাই
খেলনা বাঁশি কিংবা ঘুড়ি
লেড্ পেনসিল রবার ছুরি?
এসব আমার বাক্সে নাই
কারোর কিছু চাই গো চাই?

কারোর কিছু চাই গো চাই?
বৌমা কি চাও শুনতে পাই?
ছিটের কাপড় চিকন লেস্
ফ্যান্সি জিনিস ছুঁচের কেস্
আল্তা সিঁদুর কুন্তলীন
কাঁচের চুড়ি বোতাম পিন্?
আমার কাছে ওসব নাই
কারোর কিছু চাই গো চাই?

কারোর কিছু চাই গো চাই?
আপনি কি চান কর্তামশাই?
পকেট বই কি খেলার তাস
চুলের কলপ জুতোর ব্রাশ্
কলম কালি গঁদের তুলি
নস্যি চুরুট সূর্তি গুলি?
ওসব আমার কিছুই নাই
কারোর কিছু চাই গো চাই?

বিষম ভোজ

"অবাক কাণ্ড!" বল্‌লে পিসী, "এক চাঙাড়ি মেঠাই এল—
এই ছিল সব খাটের তলায়, এক নিমিষে কোথায় গেল?"
"সত্যিবটে" বল্‌লে খুড়ী, "আনল দু'সের মিঠাই কিনে—
হঠাৎ কোথায় উপ্‌সে গেল? ভেল্কিবাজি দুপুর দিনে?"
"দাঁড়াও দেখি" বল্‌লে দাদা, "করছি আমি এর কিনারা
কোথায় গেল পট্‌লা ট্যাঁপা— পাচ্ছিনে যে তাদের সাড়া?"
পর্দাঘেরা আড়াল দেওয়া বারান্দাটার ঐ কোণেতে
চল্‌ছে কি সব ফিস্‌ ফিস্‌ ফিস্‌ শুনল দাদা কানটি পেতে।
পট্‌লা ট্যাঁপা ব্যস্ত দুজন টপ্‌টপাটপ্‌ মিঠাই ভোজে,
হঠাৎ দেখে কার দুটো হাত এগিয়ে তাদের কানটি খোঁজে।
কানের উপর প্যাঁচ্‌ ঘোরাতেই দুচোখ বেয়ে অশ্রু ছোটে,
গিল্‌বে কি ছাই মুখের মিঠাই, কান বুঝি যায় টানের চোটে।
পটলবাবুর হোম্‌রা গলা মিল্‌ল ট্যাঁপার চিকন সুরে
জাগল্‌ করুণ রাগরাগিণী বিকট তানে আকাশ জুড়ে।

সন্দেশ

সন্দেশের গন্ধে বুঝি দৌড়ে এলে মাছি?
কেন ভন্‌ভন্‌ হাড় জ্বালাতন ছেড়ে দেওনা বাঁচি!
নাকের গোড়ায় সুড়সুড়ি দাও শেষটা দিবে ফাঁকি?
সুযোগ বুঝে সুড্ডুৎ ক'রে হুল ফোটাবে নাকি?

ছুটি

ছুটি! ছুটি! ছুটি!
মনের খুশি রয়না মনে হেসেই লুটোপুটি।
ঘুচল এবার পড়ার তাড়া অঙ্ক কাটাকুটি
দেখ্‌ব না আর পন্ডিতের ঐ রক্ত আঁখি দুটি।
আর যাব না স্কুলের পানে নিত্য গুটি গুটি
এখন থেকে কেবল খেলা কেবল ছুটোছুটি।
পাড়ার লোকের ঘুম ছুটিয়ে আয়রে সবাই জুটি
গ্রীষ্মকালের দুপুর রোদে গাছের ডালে উঠি।
আয়রে সবাই হল্লা ক'রে হরেক মজা লুটি
একদিন নয় দুইদিন নয় দুই দুই মাস ছুটি।

বড়াই

গাছের গোড়ায় গর্ত ক'রে ব্যাং বেঁধেছেন বাসা,
মনের সুখে গাল ফুলিয়ে গান ধরেছেন খাসা।
রাজার হাতি হাওদা-পিঠে হেলে দুলে আসে—
"বাপ্‌রে ব'লে ব্যাং বাবাজি গর্তে ঢোকেন ত্রাসে!
রাজার হাতি মেজাজ ভারি হাজার রকম চাল;
হঠাৎ রেগে মটাৎ ক'রে ভাঙ্‌ল গাছের ডাল।
গাছের মাথায় চড়াই পাখি অবাক হ'য়ে কয়—
"বাস্‌রে বাস্! হাতির গায়ে এমন জোরও হয়"!
মুখ বাড়িয়ে ব্যাং বলে, "ভাই, তাইত তোরে বলি—
আমরা, অর্থাৎ চার-পেয়েরা, এম্নিভাবেই চলি"।।

সম্পাদকের দশা

সম্পাদকীয়—
একদা নিশীথে এক সম্পাদক গোবেচারা।
পোঁটলা পুঁটুলি বাঁধি হইলেন দেশছাড়া।।
অনাহারী সম্পাদকী হাড়ভাঙা খাটুনি সে।
জানে তাহা ভুক্তভোগী অপরে বুঝিবে কিসে?
লেখক পাঠক আদি সকলেরে দিয়া ফাঁকি।
বেচারি ভাবিল মনে— বিদেশে লুকায়ে থাকি।।
এদিকে ত ক্রমে ক্রমে বৎসরেক হল শেষ।
'নোটিশ' পড়িল কত 'সম্পাদক নিরুদ্দেশ'।।
লেখক পাঠকদল রুষিয়া কহিল তবে।
জ্যান্ত হোক মৃত হোক ব্যাটারে ধরিতে হবে।।
বাহির হইল সবে শব্দ করি 'মার মার'।
—দৈবের লিখন, হায়, খন্ডাইতে সাধ্য কার।।
একদা কেমনে জানি সম্পাদক মহাশয়।
পড়িলেন ধরা—আহা দুরদৃষ্ট অতিশয়।।

তারপরে কি ঘটিল কি করিল সম্পাদক।
সে সকল বিবরণে নাহি তত আবশ্যক।।
মোট কথা সম্পাদক অবশেষে।।
বসিলেন আপনার প্রাচীন গদিতে এসে।।
(অর্থাৎ লেখকদল লাঠ্যৌষধি শাসনেতে।
বসায়েছে তার পুনঃ সম্পাদকী আসনেতে।।)
ঘুচে গেছে বেচারীর ক্ষণিক সে শান্তি সুখ।

লেখকের তাড়া খেয়ে সদা তার শুষ্কমুখ।।
দিস্তা দিস্তা গদ্য পদ্য দর্শন সাহিত্য প'ড়ে।
পুনরায় বেচারির নিত্যি নিত্যি মাথা ধরে।।
লোলচর্ম অস্থি সার জীর্ণ বেশ রুক্ষ্ম কেশ।
মুহূর্তে সোয়াস্তি নাই— লাঞ্ছনার নাহি শেষ।।

কাণা-খোঁড়া সংবাদ

পুরাতন কালে ছিল দুই রাজা,
নামধাম নাহি জানা,
একজন তার খোঁড়া অতিশয়,
অপর ভূপতি কানা।
মন ছিল খোলা, অতি আলাভোলা,
ধরমেতে ছিল মতি,
পর ধনে সদা ছিল দোঁহাকার
বিরাট বিকট অতি।
প্রতাপের কিছু নাহি ছিল ত্রুটি
মেজাজ রাজারি মত,
শুনেছি কেবল বুদ্ধিটা নাকি
নাহি ছিল সরু তত।
ভাই ভাই মত ছিল দুই রাজা,
না ছিল ঝগড়াঝাঁটি,
হেনকালে আসি তিন হাত জমি
সকল করিল মাটি।
তিন হাত জমি হেন ছিল তাহা
কেহ নাহি জানে কার,
কহে খোঁড়া রায় "এক চক্ষু যার
এ জমি হইবে তার।"
শুনি কানা রাজা ক্রোধ করি কয়,
"আরে অভাগার পুত্র!
এ জমি তোমারি— দেখ না এখনি

খুলিয়া কাগজ পত্র।"
নক্সা রেখেছে একশো বছর
বাক্সে বাঁধিয়া আঁটি,
কীট কূটমতি কাটিয়া কাটিয়া
করিয়াছে তারে মাটি;
কাজেই তর্ক না মিটিল হায়,
বিরোধ বাধিল ভারি,
হইল যুদ্ধ হদ্দ মতন
চৌদ্দ বছর ধরি।
মরিল সৈন্য, ভাঙিল অস্ত্র,
রক্ত চলিল বহি,
তিন হাত জমি তেমনি রহিল,
কারও হার জিত নাহি।

তবে খোঁড়া রাজা কহে, "হায়, হায়,
তর্ক বিষম বটে,
ঘোরতর রণে অতি অকারণে
মরণ সবার ঘটে।"
বলিতে বলিতে চটাৎ করিয়া
হঠাৎ মাথায় তার,
অদ্ভুত এক বুদ্ধি আসিল
অতীব চমৎকার।
কহিল তখন খোঁড়া মহারাজ
"শুন মোর কানা ভাই,
তুচ্ছ কারণে রক্ত ঢালিয়া
কখনও সুযশ নাই।
তার চেয়ে জমি দান করে ফেল,
আপদ শান্তি হবে।"
কানা রাজা কহে, "খাসা কথা ভাই!
কারে দিই কহ তবে।"

কহেন খঞ্জ, "আমার রাজ্যে
আছে তিন মহাবীর—
একটি পেটুক, অপর অলস,
তৃতীয় কুস্তিগীর।
তোমার মুলুকে কে আছে এমন,
এদের হারাতে পারে?—
সবার সমুখে তিন হাত জমি
বক্‌শিস্ দিব তারে।"
কানা রাজা কহে, "ভীমের দোসর
আছে ত মল্ল মম,
ফলাহারে পটু, পঁচাশি পেটুক,
অলস কুমড়া সম।
দেখা যাবে কার বাহাদুরি বেশি
আসুক তোমার লোক;
যে জিতিবে সেই পাবে এই জমি"—
খোঁড়া বলে, "তাই হোক।"

পড়িল নোটিস ময়দান মাঝে
আলিশান সভা হবে,
তামাসা দেখিতে চারিদিক হতে
ছুটিয়া আসিল সবে।
ভয়ানক ভিড়ে ভরে পথঘাট,
লোকে হল লোকাকার,
মহা কোলাহল দাঁড়াবার ঠাঁই
কোনোখানে নাহি আর।
তারপর ক্রমে রাজার হুকুমে
গোলমাল গেল থেমে,
দুই দিক হতে দুই পালোয়ান
আসরে আসিল নেমে।
লম্ফে ঝম্পে যুঝিল মল্ল

গজ-কচ্ছপ হেন,
রুষিয়া মুষ্টি হানিল দোঁহায়—
বজ্র পড়িল যেন!
গুঁতাইল কত, ভোঁতাইল নাসা,
উপাড়িল গোঁফ দাড়ি,
যতেক দন্ত করিল অন্ত
ভীষণ চাপট মারি।
তারপরে দোঁহে দোঁহারে ধরিয়া
ছুঁড়িল এমনি জোরে,
গোলার মতন গেল গো উড়িয়া
দুই বীর বেগভরে।
কি হল তাদের কেহ নাহি জানে,
নানা কথা কয় লোকে,
আজও কেহ তার পায়নি খবর,
কেহই দেখেনি চোখে।
যাহোক এদিকে, কুস্তির শেষে
এল পেটুকের পালা,
যেন অতিকায় ফুটবল্ দুটি,
অথবা ঢাকাই জালা।

ওজনেতে তারা কেহ নহে কম,
ভোজনেতে ততোধিক,
বপু সুবিপুল, ভুঁড়ি বিভীষণ,—
ভারি সাতমণ ঠিক!
অবাক দেখিছে সভার সকলে,
আজব কাণ্ড ভারি—
ধামা ধামা লুচি নিমেষে ফুরায়,
দই ওঠে হাঁড়ি হাঁড়ি!
দাঁড়িপাল্লায় মাপিয়া সকলে
দেখে আহারের পরে,

দুজনেই ঠিক বেড়েছে ওজনে
সাড়ে তিন মণ ক'রে।
কানা রাজা বলে "একি হল জ্বালা,
আক্কেল নাই কারো,
কেহ কি বোঝে না সোজা কথা এই, —
হয় জেতো নয় হারো।"
তারপর এল কুঁড়ে দুইজন
ঝাঁকার উপর চড়ে,
সভামাঝে দোঁহে শুয়ে চিৎপাত
চুপচাপ রহে পড়ে।
হাত নাহি নাড়ে, চোখ নাহি মেলে,
কথা নাই কারো মুখে,
দিন দুই তিন রহিল পড়িয়া,
নাসা গীত গাহি সুখে।
জঠরে যখন জ্বলিল আগুন,
পরান কণ্ঠাগত,
তখন কেবল মেলিয়া আনন
থাকিল মড়ার মত।
দয়া করে তবে সহৃদয় কেহ
নিকটে আসিয়া ছুটি,
মুখের নিকটে ধরিল তাদের
চাটিম্ কদলী দুটি।
খঞ্জের লোকে কহিল কষ্টে,
"ছাড়িয়ে দেনারে ভাই,"
কানার ভৃত্য রহিল হাঁ ক'রে
মুখে তার কথা নাই!
তখন সকলে কাষ্ঠ আনিয়া
তায় কেরোসিন ঢালি,
কুঁড়েদের গায়ে চাপাইয়া রোষে
দেশলাই দিল জ্বালি।

খোঁড়ার প্রজাটি "বাপ্‌রে" বলিয়া
লাফ্‌ দিয়া তাড়াতাড়ি,
কম্পিত পদে চম্পট দিল
একেবারে সভা ছাড়ি।
"দুয়ো" বলি সবে দেয় করতালি
পিছু পিছু ডাকে "ফেউ"
কানার অলস বলে, "কি আপদ!
ঘুমুতে দিবিনা কেউ?"
শুনে সবে বলে "ধন্য ধন্য
কুঁড়ে-কুল-চূড়ামণি!"
ছুটিয়া তাহারে বাহির করিল
আগুন হইতে টানি।
কানার লোকের গুণপনা দেখে
কানা রাজা খুসী ভারি,
জমিত দিলই— আরও দিল কত,
টাকাকড়ি ঘরবাড়ি।

www.ingramcontent.com/pod-product-compliance
Lightning Source LLC
LaVergne TN
LVHW090328051026
849518LV00005B/1909